Hansjörg Falz, MERIAN-Chefredakteur

Liebe Leserin, liebe Leser,

In 13 Regionen wird in Deutschland Wein produziert. Und wenn das Wetter nicht allzu große Kapriolen schlägt, dann werden die Produkte, also die Weine, von Jahrgang zu Jahrgang insgesamt immer besser. Das gilt auch für die Erlebniswelt rund um den Wein. Sie ist so vielfältig wie nie zuvor.

In diesem MERIAN-Sonderheft stellen wir Ihnen deshalb die 30 besten Vinotheken vor, die eine vom Deutschen Wein Institut (DWI) eingesetzte, fachkundige Jury ermittelt hat. 144 Weingüter hatten sich beworben, Architektinnen, Tourismusmanager und Fachjournalisten, darunter die Chefredakteure der Zeitschriften A&W (Architektur & Wohnen) und MERIAN des Jahreszeiten Verlags, Hamburg, sichteten die Unterlagen, diskutierten und bewerteten. Am Ende stand unsere Top 30.

Was macht eine gute Vinothek aus? Natürlich kommt es auf die Gastgeber und das Angebot für die Gäste an. Aber das Gesamtkonzept, die Architektur, die Infrastruktur und auch der stimmige Einsatz der (teils nachhaltigen) Materialien bei Neu- und Umbauten spielten eine entscheidende Rolle. Vom modernen und puristischen Würfel bis hin zur besonnenen Weiterentwicklung eines traditionsreichen Kellers reicht daher die Bandbreite der in dieser Ausgabe präsentierten Gewinner. Lassen Sie sich in diesem MERIAN inspirieren und leiten bei der Antwort auf die Frage: Möchte ich dorthin reisen, dort den Tag verbringen, mich verwöhnen lassen, guten Wein trinken und nach einer individuellen Beratung ein paar Flaschen kaufen? Sie werden sehen: Die Vinotheken der deutschen Winzer sind einen Besuch wert!

Zusätzlich porträtieren wir alle 13 Weinregionen, natürlich auch die Ahr, wo die jüngste Hochwasserflut verheerende Folgen für die Winzerinnen und Winzer hatte. Dort stehen zahlreiche Produzenten nach der Katastrophe vor dem Nichts. Spontane solidarische Einsätze von Kolleginnen und Kollegen aus anderen Regionen führen hoffentlich dazu, dass die schwer Geschädigten eine Chance auf die diesjährige Ernte behalten. Helfen Sie mit, dass sich die attraktive Ahr-Region bald von den Unwetterschäden erholt. Über Spendenaufrufe und Hilfsaktionen, an denen Sie sich beteiligen können, informiert die DWI-Website: deutscheweine.de/ahr/

Herzlich Ihr

Hansjörg Falz

WEINGENUSS
IN DEUTSCHLAND

Das Magazin zum Wettbewerb: Zum zweiten Mal kürte das Deutsche Wein Institut **»30 ausgezeichnete Vinotheken«**. Architektur, Inneneinrichtung, Design und die Präsentation der Weine waren für die Entscheidung der Jury wichtig

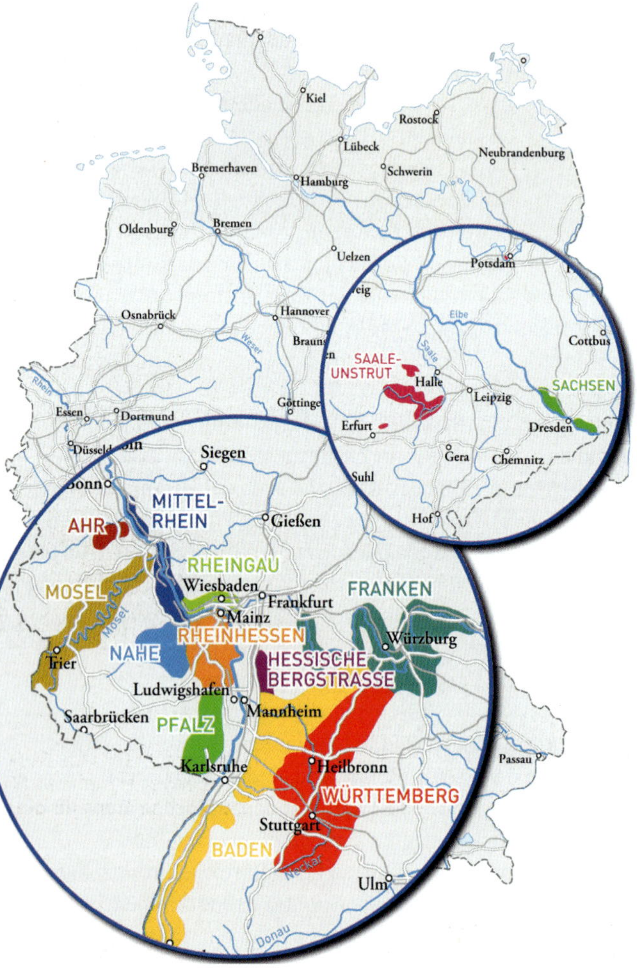

◂ DIE 13 DEUTSCHEN WEINREGIONEN

- Region Ahr
- Region Baden
- Region Franken
- Region Hessische Bergstraße
- Region Mittelrhein
- Region Mosel
- Region Nahe
- Region Pfalz
- Region Rheingau
- Region Rheinhessen
- Region Saale-Unstrut
- Region Sachsen
- Region Württemberg

INHALT

6

◀ Weinsichten: Wir zeigen Ihnen die schönsten Ausblicke der Weinregionen

84

▲ Burgen, Schlösser, Rad- und Wanderwege: mehr als 50 touristische Tipps für die Reise

SCHATZ AM PLATZ

Eine Sitzinsel zwischen Reben, eine Vesper unter Laub, ein Lehrpfad für Neugierige – 30 Extratipps von unseren Winzern

8

▶ Auf ein gutes Glas: die 30 besten Vinotheken des Landes und ihre Winzer im Porträt

DEUTSCHLANDS
WEINREGIONEN

Großer Genuss

Die **Weinregion Baden** ist die sonnigste von allen. Und das soll man den Weinen, bitteschön, auch anmerken

Von der Burgundischen Pforte bis zum Bocksbeutel, das sind gut und gerne 400 Kilometer – vielleicht nicht Deutschlands größtes Weinbaugebiet, aber gewiss das längste. Lang genug, um neun der berühmtesten Bereiche wie eine Perlenkette aneinander zu reihen: Bodensee und Markgräflerland, Kaiserstuhl, Tuniberg, Breisgau, Ortenau, Badische Bergstraße, Kraichgau und Tauberfranken. Völlig klar, dass jede ihren eigenen Charakter hat und jede ihre speziellen Weine hervorbringt, vom feinnervig eleganten Riesling bis zum kraftvoll stoffigen Spät-, Grau oder Weißburgunder, aber auch Auxerrois und Gewürztraminer, Gutedel, Silvaner und Muskateller.

Was ihnen allen gemein ist: erstens eine uralte, mit Bedacht gepflegte Tradition, in der Weinbau und eine umwerfend gute Küche Hand in Hand gehen; Frankreich ist ja ganz nah. Nirgendwo wird Genuss so enthusiastisch gepflegt, nirgendwo verteilen die einschlägigen Restaurantführer so begeistert ihre Sterne oder »F« (DER FEINSCHMECKER) wie im badischen Weinland. Und zweitens: die Sonne. Sie verwöhnt die Region so großherzig, dass die EU sie als einzige in Deutschland unter der Kategorie B führt.

Klingt ein bisschen nach Brüsseler Kauderwelsch, bedeutet aber nichts weiter als: Die Maßstäbe für Qualität sind noch ein bisschen strenger als im Rest des Landes. Die badischen Winzer gehen als Favoriten an den Start – und erkennen darin einen besonderen Ansporn: Die südlichste Weinbauregion ist zugleich die sonnigste und wärmste. Und das soll man den Weinen, bitteschön, auch anmerken.

◀ Blick auf den Texaspass, der die Winzerdörfer Oberbergen und Kiechlinbergen verbindet. Der einem Lasso ähnelnde Straßenverlauf soll dem Pass seinen Namen gegeben haben

▲ Harmonisch: Von Jahr zu Jahr passt sich das Gebäude farblich besser ein

▼ Schnörkellos modern zeigt sich auch die Vinothek im Hause Abril

▶ Weißer Burgunder und Chardonnay – eine Cuvee der Qualität »Stein«

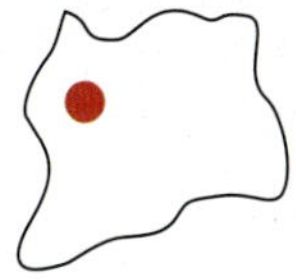

Streng, herb, ehrlich

Wo so viel Tradition herrscht, braucht es Mut, einen kantigen Neubau aus Beton in die Idylle der Weinberge zu bauen. Den hatten sie im **Weingut Abril**. Und siehe da: Es funktioniert!

Manchmal gelingt es der Architektur, ein Ausrufezeichen zu setzen. Eine Aussage zu formulieren, schlank und klar, die alles zusammenfasst, was ein Bauherr mitzuteilen hat. Wir sind in einer neuen Zeit angekommen, lautet diese Aussage beim Weingut Abril in Bischoffingen. Wir pflegen eine Tradition seit 1740, wir hüten das Wissen um den Weinbau aus einer viel längeren Zeit – aber wir leben in der Gegenwart. Und fühlen uns verantwortlich für das, was nach uns kommt.

Also geht der Blick aus riesigen Panoramascheiben über die grünen Hügel des Kaiserstuhls, auf denen seit mehr als tausend Jahren Wein gedeiht: Hier liegen, im symbolischen wie im wörtlichen Sinn, unsere Wurzeln. Und doch ist schnörkellos modern, was der Architekt Wolfgang Münzing aus Flein bei Heilbronn dem jungen Team um Eva Maria Köpfer und Daniel Hank in das sanft gewellte Weinland gebaut hat: einen langgezogenen, zwei Etagen hohen Riegel, streng, beinahe herb, aber unumwunden ehrlich. Eine Konstruktion aus massivem Beton, verkleidet mit Platten aus Cortenstahl, die sensibel auf Luft und Feuchtigkeit der Umgebung reagieren und sich in ihrem leuchtenden Rostrot mit der Zeit immer harmonischer in die Natur einfügen.

Es war ein Wagnis. Wo so viel Tradition herrscht, wo Generation um Generation ihr Wissen und ihre Werte weitergibt, da braucht es Mut, einen kantigen Neubau mitten in die Weinberge am Rand des idyllischen Dorfes zu setzen. Es funktioniert trotzdem. Oder gerade deshalb, denn auch die Welt ringsum hat sich verändert, stellt neue Anforderungen, bietet andere Möglichkeiten. Nur von außen betrachtet duckt sich der Bau in seine Umgebung; innen bietet er auf vier Ebenen großzügig Platz für alles, was für den Betrieb erforderlich ist: von der Verwaltung bis zu den Kelleranlagen, Veranstaltungsräumen, einer Vinothek mit Lounge und sogar einen Austritt auf die Terrasse, auf der es an warmen Sommerabenden um keinen Windhauch weniger stimmungsvoll zugeht als früher unter Weinlaub im alten Schunkelgarten. Die Energieversorgung des Komplexes, dies nur nebenbei, ist weitgehend CO_2-neutral.

Denn das war es ja, was das Gebäude sichtbar mitteilen sollte: Wir sind in einer neuen Zeit angekommen. Wir haben die Zeichen verstanden. Unser Wein ist so klar und ehrlich wie die Linien der Architektur. Bio ist kein amtliches Qualitätssiegel, sondern eine Frage der Verantwortung, eine Selbstverständlichkeit. Vergesst allen Firlefanz. Die Qualitäten der Weine aus dem Weingut Abril tragen, je nach Charakter, die Namen Frucht, Stein und Zeit. Das ist alles, was zählt.

Zu Anfang waren die Leute skeptisch: Beton! Dazu verkleidet mit Stahlplatten, die mit jedem Jahr ihre Farbe verändern. Einer nannte den Bau einen Rostklotz. Die Bezeichnung hat sich gehalten. Aber heute liegt nicht mehr Zweifel darin, sondern Respekt. Und Stolz.

i

Weingut Abril
Am Enselberg 1
79235 Vogtsburg-Bischoffingen im Kaiserstuhl
Telefon: 07662 9493230
Mail: weingut@weingut-abril.de

www.weingut-abril.de

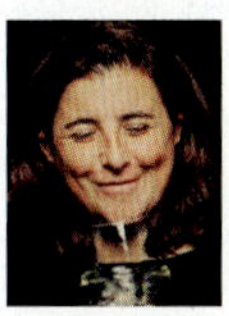

Eva Maria Köpfer

MEIN SCHATZ AM PLATZ

Wilde Orchideen

Rechts der Schwarzwald, links das Elsass, dazwischen das sonnigste Fleckchen Deutschlands – eine Landschaft zwischen Natur und Garten, am Wegrand 36 Arten wilder Orchideen. Wer mehr wissen will, klopft mal bei den Kaiserstühler Gästeführern an.

▲ Pures Understatement: Der von außen schlicht wirkende, mit Holz verkleidete Bau gewann bereits sechs Architektenpreise

▼ Transparente Regale geben den Blick frei auf die Reben

»Jedesmal, wenn ich von Sexau herauf zur Arbeit radle, freue ich mich über diese Architektur. Der Architekt hat es geschafft, die Genossenschaft für seine Idee zu begeistern.«

MARGARETE KANE
Geschäftsführerin

Bereich
Breisgau

DEUTSCHLANDS
BESTE VINOTHEKEN

Quadratur des Kreises

Für ihr Weinzentrum wünschten sich die Mitglieder der **Genossenschaft Buchholz** optimale Nutzbarkeit bei maximaler Außenwirkung, das alles mit ungewohnt kleinem Budget. Geht nicht? Geht doch – und wie!

Wer solch eine Aussicht hat, der verkriecht sich nicht im Weinkeller. Mitten in den Weinbergen von Südbaden, zwischen Buchholz und Sexau, ein kleines Stück näher an Buchholz und mitten im Grünen, haben sich die 62 Mitglieder der Winzergenossenschaft beider Gemeinden ihren vinologischen Mittelpunkt eingerichtet, Technikräume, Vertrieb, Traubenannahme, Büros – und, Herz- und Prunkstück: eine leichte, feine und elegante, vielfach nutzbare und schon sechsmal mit Architekturpreisen ausgezeichnete Vinothek.

Ein Loblied wäre nun zu singen auf die Weitsicht der Bauherren, ein zweites auf das transparente Weinregal. Es sei für Winzergenossenschaften nicht selbstverständlich, so begründete eine der Jurys ihre Entscheidung, visionäre und kostenintensive Projekte so konsequent umzusetzen. Man muss sich das vorstellen: 62 Weingärtner, die, weiß Gott, Dringlicheres und wahrscheinlich auch Angenehmeres zu tun haben, als sich die Köpfe über Baumaterialien und Proportionen heißzureden und sich am Ende auch auf eine gemeinsame Lösung zu einigen – hier haben sie es geschafft.

Für die Architekten Cornell Fuchs und Michael Maucher aus Waldkirch stellte sich die Aufgabe ganz anders dar. Zu erreichen war so etwas wie die Quadratur des Kreises: optimale Nutzbarkeit bei gleichzeitig maximaler Außenwirkung, und beides mit einem ungewohnt kleinen Budget. Winzer sind nun mal keine Großinvestoren. »Bei solchen Vorgaben muss ein Projekt nicht zwangsläufig prämierungswürdig ausfallen«, gaben die Baumeister stolz zu Protokoll, »aber es kann.«

Und wie es konnte! Ein schlichter, eher flacher Bau, mit Holz verkleidet und einem lang gezogenen Satteldach; der erste Eindruck ist: aha, ein landwirtschaftliches Funktionsgebäude, ein Lager vielleicht. Erst auf den zweiten Blick gibt sich die raffinierte Architektur zu erkennen. Wenn nämlich der markant eingerahmte, an drei Seiten offene Kasten ins Auge fällt, bodentief verglast und seitwärts in den Baukörper eingeschoben: die Vinothek, Verkaufsraum, Probierstube und Stolz der Winzer.

Die Atmosphäre innen fasst zwei Gegensätze zusammen: das Bedürfnis nach Wärme, Vertrautheit und Heimeligkeit. Und jenes nach Offenheit und Transparenz. Holztische, Tresen und Bänke von schlichter Eleganz, eine beinahe intime Beleuchtung. Und dann diese transparenten Regale: Wer einen solchen Ausblick auf die Landschaft genießen darf, verstellt ihn nicht durch geschlossene Wände. Zugleich aber sind viele Produkte zu präsentieren: Spätburgunder, Müller-Thurgau, Chardonnay, Sauvignon Blanc, unterschiedliche Qualitäten und Lagen – das liegt im Wesen einer Genossenschaft.

Die Lösung: Der Raumteiler teilt den Raum und öffnet ihn zugleich. Der Blick geht durch die Schätze der Region hindurch auf die Weinberge, auf denen sie gewachsen sind. Und die Sonne glitzert selbst noch im Glas.

i

Winzergenossenschaft Buchholz/Sexau
Burgunderweg 1, 79183 Waldkirch-Buchholz
Telefon: 07681 24646
Mail: wg@buchholzer-weine.de
www.buchholzer-weine.de

Jessica Schwehr
Marketing & Vertrieb

MEIN SCHATZ AM PLATZ

Unterm Weinlaub

Auf die Liegewiese! Und wenn es gar zu sonnig wird: unter das Weinlaub, das sich an Spalieren emporrankt und Schatten spendet. Wer vorgesorgt hat, bringt sich eine Vesper mit, legt sich in einen der Liegestühle und genießt den Blick auf die Weinberge.

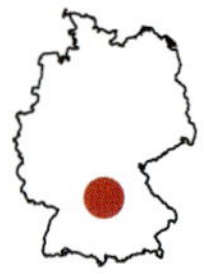

DEUTSCHLANDS
WEINREGIONEN

Malerische Weinorte

Die **Weinregion Franken** boomt. Das liegt am Charakter der Weine, aber auch an den Reizen der Landschaft

Einst lag Würzburg am Mittelmeer. Zugegeben: Das ist eine Weile her, viele, viele Millionen Jahre, und mit Würzburg ist jetzt auch nicht unbedingt die prachtvolle Residenzstadt mit ihren Baudenkmälern einer noch immer leuchtenden Geschichte gemeint. Aber das südliche Urmeer hat sich in die Böden der Region eingeschrieben und prägt ihren Charakter bis in die Gegenwart. Keuper, Muschelkalk und Buntsandstein sind typisch für das Weinland an den Ufern des Mains, und wer den Windungen des Flusses von Bayreuth nach Westen folgt, kann sie in schöner Abfolge kennenlernen, eine Gesteinsart nach der anderen. Vielleicht als interessierter Geologe. Oder als Genießer des fränkischen Weins mit Zunge und Gaumen.

Dabei ist es in allen drei Formationen vor allem eine Rebsorte, die den Ruf der Region als Weinland der Extraklasse begründet: der Silvaner. Fränkischer Silvaner, um es auf den Punkt zu bringen, gehört zu den besten trockenen Weißweinen der Welt: kraftvoll, ausdrucksstark, elegant. Allen Respekt aber auch vor den roten Sorten, die in einem wärmer werdenden Klima hier immer besser gedeihen.

Überhaupt: Die Region befindet sich im Aufwind. Seit den siebziger Jahren hat sich die Anbaufläche verdreifacht, auf mehr als 6000 Hektar. Woran das liegt? Gewiss am Charakter der Weine, die den Vorlieben des Publikums nicht erst entgegenkommen mussten. Aber auch an den Reizen einer Landschaft, in der die Reben sich an steilen Hängen der Sonne entgegenrecken und malerische Weinorte von einer reichen Geschichte erzählen.

◀ Typisch Franken: Reben, die sich an steilen Hängen der Sonne entgegenrecken, Radfahrer auf Tour und pittoreske Orte am Ufer des Mains – wie hier die kleine Kirche in Escherndorf

▲ Gute Tat: Jede verkaufte Flasche trägt zum sozialen Engagement bei

▼ »Spätabends glücklich nach Hause gehen«: Gastgeber Giovanni Bellanti

▶ Gemütlichkeit gern, überspitzte Eleganz nein: das Weinhaus der Stiftung

Bereich
Maindreieck

DEUTSCHLANDS
BESTE VINOTHEKEN

Eintreten und bleiben

Im Keller lagert der älteste Weißwein der Welt, in der Weinhaus genannten Vinothek des **Weingutes Bürgerspital** hat Gastfreundschaft oberste Priorität – oft bis spät in den Abend

Das Bürgerspital Weingut in Würzburg ist wohl einer der spannendsten Weinorte Deutschlands. In den alten Mauern des Weinguts verstecken sich unzählige Geschichten, denn seit mehr als 700 Jahren spielt hier Wein eine Rolle. Im Keller lagert der 1540er Steinwein, der älteste Weißwein der Welt. Das Weingut selbst gehört zur Stiftung Bürgerspital zum Hl. Geist. Jede Flasche Wein trägt zum sozialen Engagement der Stiftung bei: die Aufnahme und Unterstützung pflegebedürftiger Menschen.

Früher wurde der Wein noch für den Eigenbedarf angebaut. Jeder Bewohner hatte 1589 Anspruch auf ein Maß (1,22 Liter) Wein. Damit ist das Bürgerspital eine der ältesten weinbautreibenden Stiftungen der Welt. Heute wachsen auf 120 Hektar Rebfläche Riesling, Silvaner und Burgundersorten. Die besten Weine des Hauses werden weiterhin im klassischen Bocksbeutel abgefüllt, einer Flaschenform, die in Franken Tradition hat, von der sich aber immer mehr moderne Weingüter abwenden. Aus den Toplagen Würzburger Stein und der Monopollage Stein-Harfe kommen Weine, die nationalen und internationalen Anklang finden.

Erleben können das Besucher im Weinhaus am Glockenspiel mitten in der Innenstadt. »Wir sind für das Weingut Bürgerspital die erste Adresse am Platz«, sagt Giovanni Bellanti, Leiter des Weinhauses. Um diesen Begriff spannt sich auch das Angebot. Sieben Tage die Woche stehen die Türen offen, Dienstag bis Samstag bis um 22 Uhr. Hier startet der Tag mit dem Frühstück und endet mit einem Glas Wein zum Feierabend. »Wir sind den ganzen Tag eine Anlaufstelle für Weingenießer«, sagt Bellanti. Hier kombiniert sich der klassische Weinverkauf mit der gastronomischen Vinothek. Weinflights bieten Einblicke in die Rotweine, Großen Gewächse oder Schaumweine des Hauses. Eine Weinreise führt mit sechs Weinen tief in die fränkische Weinwelt. Dazu wird vieles, vom Käseteller über Weinhausbratwürste und andere Kleinigkeiten, zum Wein serviert. In den Sommermonaten öffnet auch der Weingarten, ein paar Schritte neben dem Weinhaus mit direktem Blick auf die geschäftige Semmelstraße. Eine traditionelle Anlaufstelle bietet das Bürgerspital auch: Das Hockerle, die 1873 erste eingerichtete Trinkstube, in der bis heute auf grünen Bänken die Schoppenweine des Hauses und selbst mitgebrachtes Essen verzehrt werden können.

Dass man sich der Tradition verpflichtet fühlt, zeigt auch das Interior der Räume. Regionale Materialien wie Nußbaum wurden verbaut, eine 15 Meter lange Theke aus Muschelkalk und ein großer runder Tisch, der auch für Stammtische genutzt wird, laden dazu ein, mit anderen Gästen ins Gespräch zu kommen.

Ein perfekter Tag im Weinhaus? »Wir haben Gäste, die probieren verschiedene Weine in der Vinothek, kaufen Weine für zu Hause, und danach setzen sie sich mit einer Flasche Wein an den Tisch, bestellen etwas zu essen und gehen spät und glücklich nach Hause«, sagt Bellanti.

i

Stiftung Bürgerspital zum Hl. Geist Weingut
Theaterstraße 19, 97070 Würzburg
Telefon: 0931 3503441
Mail: weingut@buergerspital.de
www.buergerspital.de

Giovanni Bellanti

MEIN SCHATZ AM PLATZ

Lehrpfad zur Region

Wer etwas mehr über Wein erfahren möchte, dem empfehle ich einen Abstecher in den Würzburger Stein. Das ist die berühmteste Lage der Stadt und nur ein kurzer Spaziergang. Es gibt dort einen Lehrpfad mit Infotafeln zu Rebsorten, Böden und Geographie der Region.

▲ Puristisch wie die Weine: Treppen, Galerie und Theke in Sichtbeton

▼ Guter Wein und gute Laune: Sandra Knoll ist eine perfekte Gastgeberin

▶ Kuben sind das leitende Element in der Vinothek und im Gästehaus

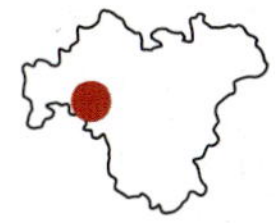

Kosmische Kräfte

Ludwig und Sandra Knoll setzen im **Weingut am Stein** kompromisslos auf biodynamischen Anbau. Auch in der Architektur findet diese Philosophie ihren Ausdruck

Es ist ein fulminanter Ausblick, der Gäste auf dem Weingut am Stein erwartet. Ins Tal schweift der Blick Richtung Würzburg, auf die Klöster und Kirchen, gebaute Geschichte. Hinter der Vinothek ragt einer der bekanntesten Weinberge der Stadt, der Würzburger Stein, empor. Das Ensemble aus Weingut, Vinothek und Gästehaus passt sich in dieses Bild ein. »Die Architektur soll nicht ablenken«, sagt Ludwig Knoll, Inhaber des Weinguts am Stein.

Denn an erster Stelle stehen für Knoll die Weinberge. Dort wachsen die Trauben für die Weine erster Güte. Silvaner, die Burgunder und Riesling sind die Hauptsorten. Ludwig und seine Frau Sandra Knoll bewirtschaften die Weinberge biodynamisch. Keine synthetischen Pflanzenschutzmittel finden den Weg in den Weinberg. Stattdessen wird auf Kreislaufwirtschaft, gesunde Böden und viel Handarbeit gesetzt. Diese Philosophie sollte sich auch im Weingut wiederfinden. 2005 wurden daher Hand in Hand mit heimischen Architekten die Vinothek, ein Gäste- und ein Kelterhaus geplant und gebaut. »Purismus, klare Dimensionen und das Material spielen eine wichtige Rolle«, sagt Ludwig Knoll.

Die Vinothek ist in der Form eines Kubus gehalten, Spannung erzeugen die vor die Glasfassade gesetzten vertikalen Holzlamellen, die je nach Blickrichtung und Lichtsituation verschiedene Strukturen ergeben. »Wenn man von Würzburg auf das Weingut schaut, dann sind die Lamellen wie die Rebenreihen im Hintergrund angereiht und fügen sich in den Weinberg«, sagt Knoll. Aber Holz spielt auch im Ausbau der Weine eine Rolle und erinnert an das Küferhandwerk und den Fassweinausbau.

Beton ist das dritte leitende Element der Vinothek. Treppen, Galerie, Regale und Theke sind in einer einheitlichen Sichtbetonoberfläche gestaltet und erinnern an eine puristische Skulptur. Ähnlich puristisch wie es Ludwig Knolls Weine sind.

»Die Vinothek ist aber nur ein Teil der Architektur«, sagt Knoll. So findet sich neben der Vinothek das Gästehaus. Das Haus ist in Muschelkalk eingefasst, eines der prägenden Elemente der Böden und Weine des Weinguts, und stammt aus einem Steinbruch südlich von Würzburg.

2015 wurde das Weingut um einen neuen Steinkeller erweitert. Hier wird der Wein in Betoneiern und Amphoren ausgebaut. Nach oben ist der Keller mit Glasfenstern versehen und offen, keine Betondecke versperrt den Blick. »Moderne Bauweisen grenzen oft aus und ab«, sagt Knoll. »Im Steinkeller kommen irdische und kosmische Kräfte zusammen.«

Trotz all der Bezüge zum Weinbau wirkt das Ensemble nicht überfrachtet. Die Architektur wirkt niemals aufdringlich. Sie schafft Bezüge zur Philosophie des Weinbaus und trägt die Handschrift der Familie Knoll. »Ihren eigenen Anspruch, Weine von erster Güte aus renommierten Lagen zu erzeugen, setzen Sandra und Ludwig Knoll auch in der herausragenden Qualität ihres Vinotheksgebäude um«, befindet die Jury.

Weingut am Stein
Mittlerer Steinbergweg 5, 97080 Würzburg
Tel.: 0931 25808
Mail: mail@weingut-am-stein.de
www.weingut-am-stein.de

Ludwig Knoll

MEIN SCHATZ AM PLATZ

Biodynamie erfahren

Unser Weingut ist ein Genussort. Wenn Sie mehr über Biodynamie erfahren wollen, zeigen wir Ihnen den Steinkeller, der diese Philosophie eindrücklich widerspiegelt. Abschließend verbringen Sie den Abend bei gutem Essen und Wein im Restaurant auf dem Weingut.

▲ Der Gutshof aus dem Jahr 1479 und die Gartenmöbel aus der Neuzeit bilden einen reizvollen Kontrast aus Alt und Neu

▼ Winzerehepaar Brennfleck: Mit allen Sinnen genießen!

»Bislang hatten wir alle Hände voll damit zu tun, die Sünden der Vergangenheit auszugleichen. Jetzt können wir zeigen, wie die Zukunft unseres Weines aussehen könnte.«

SUSANNE UND HUGO BRENNFLECK
Winzer in 13. Generation

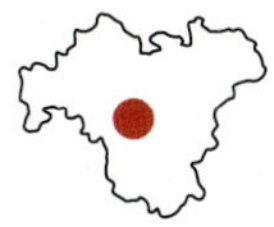

Bereich Maindreieck

DEUTSCHLANDS
BESTE VINOTHEKEN

Stolzes Vermächtnis

Die Winzer **Susanne und Hugo Brennfleck** tragen eine Menge Geschichte im Gepäck. Aber sie schaffen es, das Erbe von Generationen zu bewahren und doch neue Wege zu gehen

Gerade haben die Brennflecks Silberne Hochzeit gefeiert. Ihr Geschenk zum Start der Ehe vor 25 Jahren – oder ihre Lebensaufgabe, das kann jeder sehen, wie er möchte – war dieser Gutshof mitten in Sulzfeld am Main, landwirtschaftliche Nutzung durch die Ritter von Essel seit 1479, Weinbau seit 1591. Ein mittelalterlicher Ortskern, enge Tordurchfahrten, Kopfsteinpflaster auf den Gassen; der Hof ein denkmalgeschütztes Ensemble, in das zwölf vorausgegangene Generationen ihre Vorstellungen vom Leben und vom richtigen Umgang mit dem Wein eingeschrieben, erweitert, umgebaut, abgerissen, neu gebaut haben. Hugo und Susanne Brennfleck, das steht mal fest, tragen eine Menge Geschichte im Gepäck.

Das Biedermeierzimmer, früher Salon der Großmutter: Bis vor Kurzem stand auch ihr Klavier noch zwischen den Fauteuils und Gueridons. Heute dient das Ambiente – sozusagen auf halber Strecke aus den Tiefen der Vergangenheit – für kleine, intime Begegnungen mit dem fränkischen Silvaner, Riesling oder Spätburgunder. Sind es mehr Gäste, die den Sulzfelder Sonnenberg verkosten wollen, den Iphöfer Kronsberg oder den Stolz des Hauses, das Große Gewächs aus der Steillage Escherndorfer Lump, dann finden sie reichlich Platz im ausgebauten Pferdestall. Hell und modern eingerichtet, unter Kronleuchtern im Midcentury-Stil. Die Brennflecks, auch das steht fest, haben einen Sinn für die Orte, an denen Weinbau und Architektur miteinander ins Gespräch kommen.

Quer über den Hof liegt der Eingang zum neuen Kelterhaus, dem vielleicht mutigsten und stolzesten Vermächtnis, das die Hüter von fast viereinhalb Jahrhunderten Tradition den nachfolgenden Generationen mit auf den Weg geben können: ein zeitlos klassischer Zweckbau in minimalistischer Ästhetik, streng und klar, der über eine sanft geneigte Rampe mitten hineinführt in das sinnliche Erlebnis des Weins. Das Pressen, das Keltern, das Abfüllen, das Lagern – alles ist weit und offen; viel Glas also, hell ausgeleuchtete Kellergewölbe. Und dann das Konzert der Gärpfeifen, das Blubbern, wenn die beim Gärungsprozess frei werdenden Gase aus den langen Reihen der Fässer weichen! Wer den Wein verstehen will, so sagten sich die Winzer bei der Planung, der soll mit allen Sinnen miterleben, wie er entsteht.

Die Brücke zur Tradition schlagen die Architekten vom Büro Dold & Versbach über das Material. Hinter der Außenhaut aus streichelzartem Sichtbeton verwenden sie Eichenholz aus dem eigenen Wald und Muschelkalk – jenen Stein, auf dem die Spitzenweine des Hauses gedeihen. Damit haben sich die Eheleute selbst das schönste Geschenk gemacht: Bislang, so sagen sie, hatten wir alle Hände voll zu tun, die Sünden der Vergangenheit auszugleichen: Verkleidungen herausreißen, alte Stuckdecken freilegen, Holzböden restaurieren. Die achtziger Jahre waren da keine gute Zeit. Aber jetzt können wir zeigen, wie die Zukunft unseres Weins aussehen könnte.

i

Weingut Brennfleck
Papiusgasse 7, 97320 Sulzfeld
Telefon: 0 93 21 4347
Mail: info@weingut-brennfleck.de
www.weingut-brennfleck.de

Susanne Brennfleck

MEIN SCHATZ AM PLATZ

Offen fahren

Das Land am Main ist so schön, dass Oldtimerfans sofort ihr Cabriodach aufklappen. Zu den schönen Touren gehört die Fahrt nach Würzburg, die Residenz mit dem Deckenfresco von Giambattista Tiepolo und der Brückenschoppen auf der alten Mainbrücke.

Bereich Steigerwald

DEUTSCHLANDS
BESTE VINOTHEKEN

▲Immer neue Ideen: In der Vinothek von Thomas Fischer dreht sich vieles, aber nicht alles um den Wein. Seit 2014 wird auch Whisky gebrannt, seit 2019 Gin

Anpacken liegt in der Familie

Die Hölzer aus dem Steigerwald, der Muschelkalk vom Main – und die Besucher von überall her. Für die kleine Gemeinde Wiesentheid ist **Thomas Fischers** Vinothek ein Hauptgewinn

Gut, wenn einer einen Draht zu den Denkmalschützern hat. Mit den Leuten lässt sich ja reden. Thomas Fischer jedenfalls brauchte nicht lange, um seine Idee vom Umbau des 1880 gebauten Hauses gleich neben dem alten Gasthof »Krone« überzeugend darzulegen: Für Wiesentheid, so lockte er, wäre es ein Hauptgewinn. Die unterfränkische Gemeinde könnte auf der Skala der touristischen Attraktionen leicht um zwei oder drei Stufen nach oben klettern.

Eine Vinothek nämlich gab es bislang nicht. Es gab noch nicht mal einen Winzer. Die berühmten fränkischen Weingärten beginnen ein paar Kilometer weiter. Schloss und Schlosspark aber, so warb Fischer, hielten viel zu wenige Reisende davon ab, auf dem Weg von der Autobahn einfach am Ort vorbei zu fahren. Auch die Pfarrkirche St. Mauritius, erbaut vom Barockbaumeister Balthasar Neumann, blieb ein Geheimtipp. Dabei werden Besucher unter dem Deckengemälde von Giovanni Francesco Marcini regelmäßig vom Schwindel erfasst, weil sie glauben, über ihnen öffne sich die riesige Kuppel eines Doms aus der italienischen Renaissance. Ein Jammer, was den Leuten entgeht, fügte Fischer seinem Werben hinzu.

Am Ende setzte er sich durch. Das Zupacken liegt nun einmal in der Familie. Schon der Großvater, vom Krieg aus dem Sudetenland an den Main verschlagen, zögerte nicht lange. Er kaufte die »Krone«, dann stellte er fest: Ich habe ein Wirtshaus, aber keinen eigenen Wein. Baute er eben selbst eine Produktion auf. Der Enkel erinnert sich an Zeiten, in denen die Verkostungen im Zigarettenqualm der anderen Gäste zu ersticken drohten. Bis er den Betrieb übernahm. Bis ihm das Nachbarhaus ins Auge fiel. Es stand unter Denkmalschutz.

Also bat er eine befreundete Grafikerin, einfach mal drauflos zu zeichnen. Eine Alternative zum gemütlichen, holzvertäfelten und längst aus der Zeit gefallenen Betrieb der alten Häckerwirtschaft – frischer, moderner, zeitgemäß auch in seiner Haltung zur Natur, zu den Aromen, zur Rolle des Winzers als einer, der dem Charakter einer Region und eines Terroirs authentischen Ausdruck verleiht. Und zu denen, die anreisen, um das alles mit Sinn und Verstand zu erkunden. Denn wie hatte sich das Publikum seit den urigen Wirtshauszeiten geändert! Jünger, gut informiert, weltläufig. Gute Gründe für Thomas Fischer, sich auch gegen die Verwendung der traditionell fränkischen Bocksbeutelflaschen zu entscheiden. Sie harmonieren einfach nicht mit dem modernen Auftritt seines Betriebes. Und: Sie passen schlecht in den Kühlschrank.

Die Zeichnungen waren gut. Fischer öffnete das Haus, entfaltete in frischem Grün eine Atmosphäre von Leichtigkeit und Eleganz. Und demonstrierte in den Materialien seinen Respekt vor der Region: Die Hölzer kommen aus dem Steigerwald, der Muschelkalk vom Main. Und Besucher – von überall her.

i

Weingut Fischer
Erweinstraße 6, 97353 Wiesentheid
Telefon: 09383 377
Mail: post@fischer-wein.de
www.fischer-wein.de

Thomas Fischer

MEIN SCHATZ AM PLATZ

Der Baumwipfelpfad

Einmal König über den ganzen Wald sein. 1150 Meter durch den Steigerwald – und immer höher ins dichte Laub der Bäume. Toll für Kinder! Der Höhepunkt des hölzernen Baumwipfelpfades liegt 42 Meter über dem Boden. Das entspricht einem Hochhaus.

▲ Noch Fragen? Nein! Bei Michaela Meintzinger ist alles klar und einfach. Den Wein nimmt man sich übrigens selbst – Weintrinker sind ehrliche Menschen

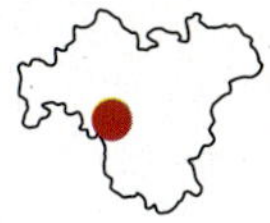

DEUTSCHLANDS
BESTE VINOTHEKEN

Barock plus Street Art

Wer mag, darf gern mit einem Kenner über Wein philosophieren. **Michaela Meintzinger** hat es lieber anders: fröhlich, frech, unkompliziert. So zeigt sich auch ihre wunderbare Vinothek

Jede Architektur ist ein Porträt. Sie bildet Bauherren und -herrinnen ab, die Zeit, in der sie entstand und vielleicht den Wandel, der sich in Jahrzehnten und Jahrhunderten seither vollzogen hat. Das Hotel und Weingut Meintzinger in Frickenhausen am Main ist zumindest ein besonders prächtiges und farbenfrohes Exemplar des Genres, eigentlich ein ganzes Gruppenbild mit lauter verrückten Charakteren – und am Ende dann doch vor allem das Porträt einer einzelnen Frau.

Nicht so kompliziert, wie es klingt. Der Komplex wurde errichtet als Sommerresidenz der Fürstbischöfe von Würzburg, und alle Historie mal beiseite: Die Eminenzen verstanden, wie man es sich gutgehen lässt. Fünf Gebäude, sehr viel Platz. Wenn Michaela Meintzinger also von ihrer Vinothek als »unserem Weinzimmer« spricht, dann ist das eine pompöse Untertreibung.

Tut sie aber, und das trägt schon ein paar kraftvoll farbige Striche bei zum Bildnis der Frau, die zugleich ein Hotel führt, ein Weingut betreibt, Wein ausschenkt und verkauft, Baukolonnen dirigiert, den Zugang zum Allerheiligsten, dem Fasskeller, hütet und Gäste empfängt, wie es weiland nur die geistlichen Herren verstanden. Doch es dauert gar nicht lange, und die Hausherrin kommt auf die Unterschiede zu sprechen: »Wir sind anders«, sagt sie. »Spontan, locker und ganz gewiss nicht brav. Wir tragen Jeans und Turnschuhe. Und die Gäste kommen gern, weil sie genau das mögen.«

Wie bitte? In einer ehemaligen Residenz der Fürstbischöfe? Michaela Meintzinger lacht dieses Lachen, das sie vor 16 Jahren als Markenzeichen des Hauses etabliert hat. Sie kennt den Effekt, sie hat ihn schließlich selbst inszeniert: Der Gast steht vor dem Gebäude, voller Ehrfurcht; das Denkmalamt ist immer auf der Hut. Dann betritt er es – und traut seinen Augen nicht: uraltes, schrundiges Mauerwerk und samtzarter Sichtbeton, freiliegende Dachbalken, Deckengemälde, wie die Fürstbischöfe sie in ihren Residenzen liebten. Daneben Graffiti an den Wänden, plüschige Sessel, warmes Naturholz, coole Hocker. Im Zentrum eine Weinbar zur Selbstbedienung. Abgerechnet wird auf Glaube und Vertrauen.

Es funktioniert! Der Würzburger Architekt Reinhard May hat in die Vollen gegriffen. Concept-Barock mit einem Einschlag von Street Art, Gelsenkirchen und einem stets verschmitzt schmunzelnden Pop. »So sind wir«, sagt Michaela Meintzinger. »Und so ist unser Wein: Er soll Spaß machen. Wer Lust hat, kann gern mit einem Weinkenner darüber philosophieren. Aber besser, die Gesellschaft ist fröhlich und der Wein so wie wir selbst: unkompliziert und frech. Dass nur darüber die Demut nicht übersehen wird, die in der Gastfreundschaft steckt. In der Geste des Gebens: Der Gast ist es, der bestellt, der sich wohlfühlen soll, am besten wie zu Hause und noch ein Stück darüber hinaus. Der Wirt erfüllt die Wünsche. Ein gelungenes Porträt hat auch seine zarten und nachdenklichen Nuancen.«

i

Weingut Meintzinger
Babenbergplatz 4, 97252 Frickenhausen
Telefon: 09331 87110
Mail: info@weingut-meintzinger.de
www.weingut-meintzinger.de

Michaela Meintzinger

MEIN SCHATZ AM PLATZ

Geflüsterte Wünsche

Ein Ring Fleischwurst von Benedini, das ist die beste in Ochsenfurt. Einen guten Wein, klar. Und dann ab in einen der Steinbrüche. Man kann dort wunderbar allein sein. Und wenn man ganz leise einen Wunsch flüstert, wirft die Steinwand ihn doppelt und dreifach zurück.

▲ Design im Detail: effektvoll herausgebrochenes Mauerwerk und eine Treppe wie ein Korkenzieher (rechts)

❞

»Die Weinwerk Manufaktur repräsentiert das, wofür wir stehen: Wir sind traditionsbewusst und bodenverhaftet, aber gleichzeitig modern und weltoffen.«

KATHRIN BAIER-BUTTLER
Weinunternehmerin

▼ Weinexpertin mit Sinn für Neues: Kathrin Baier-Buttler

Alles ein bisschen anders

Mitten in Bad Kissingen hat Kathrin Baier-Buttler in der **Weinwerk Weinmanufaktur** mit feinem Gespür für das Besondere einen Treffpunkt geschaffen, der vinophilen Genuss zelebriert

Ein Weinkeller im Dach? Passt ziemlich gut zur Weinwerk Manufaktur in der Kuranlage von Bad Kissingen. Schließlich machen Kathrin Baier-Buttler und ihr Team vieles gern ein bisschen anders als andere. Dazu gehört eben auch, dass ihr Mann – von Hause aus Architekt – nach Erwerb des historischen Gebäudes von 1874 beschloss: »Wir drehen die Kiste einfach um!« Weil die alte Kuppel das Gewicht von Tanks und Barriques niemals hätte tragen konnte, wurde das Gebäude statisch komplett neu ausgerichtet. Heute wird nach dem Abbeeren und Pressen der Trauben, die allesamt im benachbarten Hammelburg wachsen, der Most aus dem Erdgeschoss durch eine Leitung nach oben gepumpt. Seit 2020 entstehen so mitten in der Stadt alle Kreationen der Manufaktur und können in der eigenen Wein- und Tapas-Bar probiert werden.

»Das Gebäude schlummerte viele Jahre im Dornröschenschlaf«, erzählt Kathrin Baier-Buttler, die in Bad Kissingen zur Schule gegangen ist und sich noch gut daran erinnern kann, das dort früher ein Teppichhändler seinen Geschäften nachging. Die Stadt habe sich jedenfalls begeistert vom Konzept des Weingutes gezeigt. Man kann die 45-jährige Betriebswirtin, die vorher im Marketing gearbeitet hat, getrost Quereinsteigerin nennen. Nach dem Kauf des ersten Weinbergs ging sie 2010 mit dem eigenen Silvaner-Jahrgang an den Start. Heute kann sie sich auf ein 16-köpfiges Team verlassen, zu dem auch viele Experten aus der Familie ihres Mannes gehören. Kathrin Baier-Buttler war von Anfang an auch der kreative Kopf des Weinwerkes.

Nach Meinung der Geschäftsführerin muss Weingenuss Spaß machen. Deshalb pachtete sie 2016 einen historischen Pavillon im Regentenbau-Ensemble des beliebten Kurortes. Doch weil dieser »Flagstore« mit knapp 40 Quadratmetern nicht besonders groß ist, und man den Kunden nicht nur Eventflächen bieten, sondern außerdem zeigen wollte, wie die Weine gemacht werden, wurde zusätzlich die gläserne Produktion am Rosengarten eröffnet. Die Liebe zum Design zeigt sich in jedem Detail: im effektvoll herausgebrochenen Mauerwerk und der golden schimmernden Wand genauso wie in einem Tisch, dessen Holz noch aus dem elterlichen Sägewerk stammt. Oder auch in der Wendeltreppe aus rohem Stahl. Dieser überdimensionierte Korkenzieher führt ins Obergeschoss und zur Dachterrasse, von der man Regentenbau, Rosengarten und den Altenberg mit Sisi-Denkmal entdecken kann. »Die Manufaktur repräsentiert das, wofür wir stehen: Wir sind traditionsbewusst und bodenverhaftet, aber gleichzeitig modern und weltoffen«, sagt die Fränkin, die enormen Spaß am Entwickeln neuer Formate hat. Dass selbst die »Tapas« ein wenig anders sind, ist nur folgerichtig. Es gibt »Gerupften« – den fränkischen Obadzda – genauso wie Köttbullar mit Rotweinpreiselbeeren, mediterrane oder orientalische Köstlichkeiten. Sogar das Weißbrot ist hier schwarz. Kein leerer Marketing-Gag, sondern Freude an spannenden Brüchen.

i

Weinwerk Weinmanufaktur
Balthasar-Neumann-Promenade 10, 97688 Bad Kissingen
Telefon: 0971 71878737
Mail: weinmanufaktur@weinwerk-hab.de
www.weinwerk-hab.de

Kathrin Baier-Buttler

MEIN SCHATZ AM PLATZ

Auf dem Mäuerchen

Ich mag das »Brückenschöppeln«. In Bad Kissingen trifft man sich dazu auf der Ludwigsbrücke und setzt sich aufs Mäuerchen oder auf eine der Bänke. Mit etwas Glück wird auf der Waterwall des Multimedia-Brunnens im Rosengarten gerade ein Konzert übertragen.

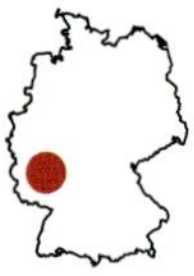

DEUTSCHLANDS
WEINREGIONEN

Wurzeln der Geschichte

Die **Weinregion Mittelrhein** ist reich an historischen Orten. Aber nicht nur das: in Steillagen gedeihen exzellente Weine

Manchmal meint es der liebe Gott schon fast zu gut mit uns. Dann komponiert er eine Landschaft wie das Weinland am Mittelrhein, von Bingen im Süden bis Königswinter im Norden, wo der Strom majestätisch durch das enge Tal gleitet, sich respektvoll vor dem schneeweißen Turm der Pfalz bei Kaub teilt und weiter eilt zum Felsmassiv der Loreley. An jeder Biegung des Stroms erheben sich Burgen und wachen von hoch oben über das Land und den Schiffsverkehr; ihre Namen schlagen tiefe Wurzeln in die Geschichte: Gutenfels oder Reichenstein, Marksburg oder Rheinfels. Bis an ihre trutzigen Mauern ziehen sich Weinberge die steilen Uferhänge hinauf, jede Terrasse eine Eroberung, denn jeder Quadratmeter bringt köstliche Ernte. Die UNESCO wusste das Werk zu würdigen: 2002 erklärte sie das Obere Mittelrheintal zum Weltkulturerbe. Der Herrgott muss wirklich in Sonntagsstimmung gewesen sein.

Doch die Arbeit ist mühsam. Viele Lagen sind extrem steil, die Flächen winzig, die Wege eng. An Hilfe durch Maschinen ist kaum zu denken. Es gab Zeiten, da drohte mancher Garten zu verwildern, und mancher Winzer dachte ans Aufgeben. Gottlob hielt die Qualität die meisten von ihnen zurück, denn genau hier gedeihen Weine, die auf der Welt ihresgleichen suchen. Vor allem der Riesling vom Mittelrhein, rassig und fein differenziert, erzählt vom Schieferboden, in den die Reben sich bohren, von der Wärme und den mineralischen Aromen, die sie in sich aufsaugen, und von Dankbarkeit und Demut, die gegenüber solchen Gottesgaben geboten sind.

▶ Majestätisch thront Burg Gutenfels über der Stadt Kaub und dem Rhein. Die um 1240 gebaute Burg gehört zu den größten in Rheinland-Pfalz. Der 35 Meter hohe Turm dürfte früher auf Angreifer Eindruck gemacht haben

HOTEL
Kaub

▲ Das Holz für die Möbel und die Verkleidung der Wände stammen von einer einzigen Eiche aus Österreich

▼ Eingang zur Vinothek: moderne Architktur mitten im Weinberg

»Wir haben besonders an Wochenenden nicht nur Stammkunden, sondern auch Wanderer zu Gast, die hier ihr Butterbrot auspacken und bei uns Rast machen.«

GEORG SCHEIDGEN
Winzer und Vinotheken-Besitzer

Zeitlose Interpretationen

Die Vinothek von **Georg Scheidgen** ist ein gelungenes Beispiel dafür, wie sich moderne Architektur wunderbar in die umgebende Kulturlandschaft einzufügen vermag

Manchmal macht man Pläne, nur um sie wieder zu verwerfen. Nachdem Georg Scheidgen und seine Familie über lange Zeit Ideen für eine eigene Vinothek gesammelt hatten – auf Reisen durch das Frankenland, die Wachau und Tirol – mussten sie erkennen, dass wenig davon wirklich zum eigenen Weingut im mittelrheinischen Hammerstein passte. Also entwickelten die Scheidgens eigene kreative Konzepte für ihre Vinothek und sorgten für ein stimmiges Ambiente, das sich hervorragend in die liebliche Landschaft einfügt. Nicht zuletzt durch die Wände aus prächtigen, geschichteten Grauwackersteinen, die an die charakteristischen Weinbergsmauern der Region erinnern. »An den hiesigen Steillagen wurde das Gestein schon vor Hunderten von Jahren verarbeitet«, erzählt der 58-Jährige, der das Terroir bewusst durch das sorgsam ausgewählte Material zitiert wissen wollte.

Nur folgerichtig, dass auch in dieser Vinothek Eichenholz nicht nur für die einladende Drehtür, sondern auch für die Möbel verwendet wurde. Gerade im Kontrast zur rohen Grauwacke, mit der nach ein wenig Überlegung auch die Innenwände verkleidet wurden, strahlt das pure Holz eine angenehme Ruhe aus. Der Baum, von dem dieses stammt, kam »in einem Stück« aus Österreich. »Uns war es besonders wichtig, einen sehr zeitlosen Ort zu schaffen«, sagt der Winzer.

1979 ist Georg Scheidgen in den elterlichen Betrieb eingestiegen und hat diesen komplett auf Weinbau umgestellt – genau 200 Jahre nach dessen Gründung als landwirtschaftlicher Mischbetrieb. Mit drei Hektar Weinbergen gestartet, gehören heute 24 Hektar Land zum Weingut Scheidgen, überwiegend an Steillagen. »Aus diesem Grund wird vieles händisch gemacht bei uns.« Besonders der mehrstufige Sortiervorgang der Trauben, dessen genau festgelegter Ablauf auch für die besondere Aromatik des eigenen Weines verantwortlich ist. Mit rund 50 Prozent liegt der Schwerpunkt ganz klassisch auf Riesling, doch auch Burgundersorten und Müller-Thurgau gehören zum Sortiment.

Die Vinothek inmitten der Weinberge ist in der Kürze der Zeit zu einem festen Vermarktungsinstrument von insgesamt 30 Wein- und Sektsorten pro Saison geworden. »Wir haben täglich und besonders an den Wochenenden nicht nur viele Stammkunden zu Gast, sondern auch Wanderer, die hier ihr Butterbrot auspacken und bei uns Rast machen«, erzählt der Winzer. Wer mag, der darf im Hof auch eines der »Fassfeuer« – Holzfässer mit Edelstahl darauf – als Stehtisch nutzen.

Diese Besucher sind auch der Grund, warum die Familie Scheidgen organisierte Weinverkostungen nur sehr dosiert anbietet und auf weitere Events wie Hoffeste lieber gänzlich verzichtet. Man möchte treuen Gästen schlichtweg nicht die Möglichkeit nehmen, bei einem Glas Lieblingswein den unvergleichlichen Ausblick zu genießen: auf die umliegenden Weingärten, die idyllische kleine Ortschaft und auf die Burgruine Hammerstein, die man in der Ferne sehen kann.

Weingut Scheidgen
Hauptstraße 10, 56598 Hammerstein
Telefon: 02635 2329
Mail: winzer@weingut-scheidgen.de
www.weingut-scheidgen.de

Georg Scheidgen

MEIN SCHATZ AM PLATZ

Schaukeln am Rhein

Fast ein Geheimtipp ist die große Schaukel in Leutesdorf, von der aus man einen fantastischen Weitblick über das ganze Tal hat. Ein Gefühl, als schaukle man über die Weinberge in den Rhein hinein.

▲ Auf dem Berg am Bauwagen gedeihen Spätburgunder und Riesling

▼ Feines vom Wagen: Neben Wein gibt es auch Honig und Marmeladen

▶ Oft bewirtet Ulrike Weingart auch Gäste, die nur zufällig vorbeikommen

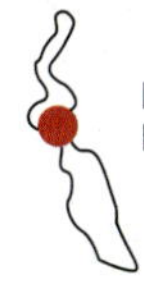

Kleinod inmitten der Natur

Im mittelrheinischen Spay stellt **Florian Weingart** Weine her, die Genießer im hölzernen Verkostungswagen probieren – mit Blick auf Rebstöcke und mit vielen guten Gesprächen

Wer nicht gezielt nach Spay kommt, nimmt ihn zunächst vielleicht bloß aus dem Augenwinkel wahr. Unterbricht dann spontan seinen Weg auf der nahen Bundesstraße und ist bald ganz verzaubert von dem abgelegenen Kleinod, das seit zwei Jahren einen festen Platz am Hangfuß des Weinbergs »In der Zech« hat: der Verkostungswagen des Weingutes Weingart. Die Bezeichnung »Vinothek« ist nicht so richtig nach dem Geschmack von Florian Weingart – für ihn viel zu weit weg von den landwirtschaftlichen Wurzeln des Betriebes, der erst in den 1960er Jahren vom Vater zum reinen Weingut umgebaut wurde. »Es darf ruhig auch gemütlich sein«, findet der 48-Jährige und meint damit nicht nur den holzverkleideten Bauwagen mit angrenzender Terrasse, sondern vor allem den großen Tisch aus Eichenholz im Inneren. Bis zu zwölf Personen finden daran Platz – und es sind gerade die zufälligen Begegnungen, die oft zu besonderen Gesprächen führen. »Meine Frau und ich haben uns dafür in Frankreich vom klassischen ‚Table d'hôte' inspirieren lassen und später alles so gestaltet, wie es uns selbst gefällt.«

Avantgardistische Spielereien sind überflüssig an diesem Ort – es reicht der Blick auf die Rebstöcke und die von der Familie liebevoll ausgewählten Duftrosen. Mittendrin darf sich hier jeder Weininteressierte durch das Riesling- und Spätburgunder-Sortiment testen. Egal, ob er zu den Stammkunden gehört oder gerade mit dem Wanderrucksack vorbeigekommen ist. »Es ist nicht ungewöhnlich, dass wir spontan zu einer kleinen Tour durch unseren Weinkeller einladen«, erzählt Weingart.

Tatsächlich unterscheidet sich auch der Keller von dem, was man sonst so kennt: Der Ort, an dem jährlich bis zu 45.000 Flaschen produziert werden, versteckt sich unter der Erde im Hang. »Mir war es wichtig, dass sich das Weingut harmonisch in die bestehende Topographie einfügt«, sagt der studierte Önologe. Seit 1996 ist er für das Weingut verantwortlich, vor vier Jahren verlagerte er den Betrieb und verkleinerte ihn deutlich. Heute bewirtschaftet die Familie rund viereinhalb Hektar Fläche. Es passt gut zu der besonderen Achtsamkeit, mit der Florian Weingart seine Weine produziert, dass der dreifache Familienvater über viele Jahre von mehr als 200 verschiedenen Eigentümern weitere Flächen erworben hat. Auf noch einmal acht Hektar betreibt er nachhaltig Landschaftspflege. Und so gedeihen rund um die Rebstöcke üppige Streuobstwiesen mit Äpfeln, Pflaumen, Kirschen und Weinbergpfirsichen, werkeln geschäftige Imker und weiden gemächlich Rinder und Schafe. »Man bekommt einen Eindruck davon, wie die Kulturlandschaft am Mittelrhein in verschiedenen Epochen ausgesehen hat«, sagt der Winzer, der in seinem Bauwagen auch Marmeladen- und Honigsorten verkauft. Dieses Refugium mag nicht mehr viel mit der früher von den Eltern betriebenen Gutsschänke gemein haben. Aber dieselbe Wärme strahlt es immer noch aus.

Weingut Weingart
Peterspay 1, 56322 Spay
Telefon: 02628 8735
Mail: mail@weingut-weingart.de
www.weingut-weingart.de

Florian Weingart

MEIN SCHATZ AM PLATZ

Picknick auf dem Keller

Auf unserem Weinkeller befindet sich ein öffentlicher Picknickplatz, den wir erst im vergangenen Jahr gestaltet haben. Am Kulturwanderweg Brey-Spay-Jakobsberg gelegen, lässt sich dort wunderbar an einem der Tische verweilen.

DEUTSCHLANDS
WEINREGIONEN

Nur Fliegen ist schöner

Die **Weinregion Mosel** bietet attraktive Ausflugsziele wie den Berg Calmont an der Moselschleife

Nicht jeder ist ein Reinhold Messner. Ein bisschen Respekt wäre also ratsam, denn der Klettersteig hinauf zum Calmont bei Bremm hat es in sich: Er führt über glattes Schiefergestein, ist steil und rutschig, und an einigen Stellen geht es nur über Leitern hinauf. Schwindelerregend. Oben aber, das liegt in der Natur solcher Anstrengung, ist die Belohnung köstlich: Der Blick geht hinab von der steilsten Weinberglage Europas, Neigungswinkel 65 Grad, auf die Moselschleife, dass einem gleich noch einmal der Atem stockt. Vielleicht ist ja wirklich nur Fliegen schöner.

Mit den steilen Hängen an der Mosel hat es seine Bewandtnis: Weinbau in eher nördlichen Regionen, Deutschland zum Beispiel, ist angewiesen auf Lagen, die sich der Sonne entgegenneigen. An der Mosel tun sie das, und zwar rekordverdächtig, nicht nur am Bremmer Calmont. Die Reben müssen dabei ihre Wurzeln tief ins Gestein bohren – und genau daraus ziehen sie die charakteristischen Aromen ihrer Region: Quarzit- und Tonschiefer, Muschelkalk oder Keuper. So wandelt sich ein vermeintliches Handicap in einen Hauptgewinn.

Denn genau das sind die Weine von der Mosel, vor allem der Riesling, aber auch Rivaner, Weiß-, Grau- und Spätburgunder, Chardonnay, Auxerrois oder Elbling: Hauptgewinne. Ihre Aromen sind mineralisch, filigran und differenziert, und selbst fruchtige Süße bewahrt Würde und Eleganz. Zu danken ist das einer jungen Generation von Winzern, die sich für die Qualität ihrer Produkte ein sehr ehrgeiziges Ziel setzten. Sie wollten ganz hoch hinaus. Genau da sind sie angekommen.

◀ Die Mosel ist 544 Kilometer lang und verläuft von den Vogesen bis zur Mündung in den Rhein bei Koblenz. Sehr interessant: die Moselschleife bei Bremm, wo der Fluss einen 180-Grad-Bogen macht.

▲ Junge Wilde: Erst seit fünf Jahren existiert das Weingut Cantzheim

▼ Erfolgreiches Jungwinzer-Ehepaar: Anna und Dr. Stephan Reimann

▶ Klare Linien, luftige Einrichtung: die Vinothek wie ein privates Esszimmer

Neues Juwel an der Saar

Das **Weingut Cantzheim** gehört zu den spannendsten Newcomern an der Saar. 2020 ist der fünfte Jahrgang in der Flasche. Auch architektonisch ist dem Weingut eine kleine Meisterleistung gelungen

Die Saar, ein Nebenfluss der Mosel, ist für ihre exquisiten Rieslinge und eine große Historie bekannt. Weingüter blicken oft auf Generationen von Weinanbau zurück. Umso spannender, wenn Newcomer auf sich aufmerksam machen. Das Weingut Cantzheim macht dies seit 2017 durch seine Weine und ein außergewöhnliches architektonisches Projekt. In dem historischen Gutshaus aus dem Jahr 1740 brauten früher Mönche Bier. Heute entsteht hier feiner Riesling von Anna und Stephan Reimann. Das Winzerpaar hat das Ensemble mit dem Schweizer Architekten Max Dudler denkmalgerecht renoviert und um eine Orangerie und ein modernes Wirtschaftsgebäude erweitert. „Die Orangerie ist ein architektonisches Meisterwerk", befindet die Jury.

Es hat sich vieles gefügt, dass es überhaupt so kam. Anna Reimann studierte zunächst Kunstgeschichte in Florenz, lernte Italienisch und fand ihren ersten Kontakt zum Wein, da ihre Wohnung über einer Enoteca lag. Es folgte ein Gartenbaustudium im bayrischen Weihenstephan. Hier lernte sie auch ihren zukünftigen Mann Stephan kennen. Aber erst während eines Praktikums in Chile auf dem Weingut Santa Rita kristallisierte sich der Wunsch heraus, selbst Wein zu machen. Ein Aufbaustudium in Önologie und Stationen beim Weingut Markus Molitor und den Bischöflichen Weingütern Trier folgten.

Es fügte sich, dass Anna Reimanns Vater, Architekturliebhaber, das barocke Gutshaus 2007 kaufte. Das Gebäude war heruntergekommen. Und auch einen konkreten Plan gab es noch nicht. Doch Anna Reimanns Wunsch, Wein zu machen, und der Gebäudekauf des Vaters fügten sich perfekt. Die fünfjährige Renovierung führte 2017 zur Eröffnung des Weinguts Cantzheim.

Besucher starten ihre Reise im Weingut in der Vinothek des alten Gutshauses. Kein klassischer Marketing-Raum, stattdessen ziert den Raum eine moderne Bar. „Unsere Vinothek soll mehr wie ein privates Esszimmer wirken", sagt Anna Reimann. Die Einrichtung ist schlicht, elegant und angelehnt an die Geschichte des Hauses: klare Linien, Tische und Stühle aus edlem Holz, großzügig und luftig eingerichtet. Die Wand zieren Bilder der Saar. „Wir lieben den Ort mit seiner Geschichte und verstehen uns als Fortsetzung davon, auch wenn wir ein neues Weingut sind", sagt Reimann.

Ergänzt wird das Ensemble durch die Orangerie. Das Gebäude aus Stahl und Glas verbindet Natur und Kultur. Die Wände sind zu Glaselementen aufgelöst und führen die senkrechten Linien der Rebstöcke visuell fort. Damit soll die Orangerie an ein Gewächshaus mitten im Weinberg erinnern. Als drittes Element im Ensemble wurde eine Remise gebaut. Ein Häuschen aus Stampfbeton, welches an die moderne Interpretation eines Weinberghäuschens erinnert und zwei Gästezimmer beherbergt. Im Haupthaus befinden sich drei weitere Gästezimmer, in denen hochwertige Kunstobjekte ihr Zuhause gefunden haben. Hier kommt einfach alles perfekt zusammen.

i

Weingut Cantzheim
Weinstrasse 4, 54441 Kanzem an der Saar
Telefon: 06501 6076635
Mail:info@cantzheim.de
www.weingut-cantzheim.de

Anna Reimann

MEIN SCHATZ AM PLATZ

460 Stufen zum Gipfel

Hinter uns erhebt sich der Kanzemer Altenberg, hinauf führt eine Treppe mit 460 Stufen. Oben kann man die Geographie des Altarms der Saar besser verstehen und hat eine der wunderbarsten Aussichten. Dann läuft man einfach die Saarschleife entlang bis Wiltingen.

▲ Theken und Regale aus altem Holz, Wände aus Beton: harmonisch, zeitgemäß und im Fall der Fälle praktisch

> »Ich bin überzeugt davon, dass jüngere Gäste das Zielpublikum der Zukunft sein werden – so ungezwungen, dass man auch als Laie keine Berührungsängste haben muss.«

OLIVER DAX
Winzer und Vinotheken-Gastgeber

▼ Cooler Look: Jungwinzer Dax in T-Shirt und mit Baseball-Cap

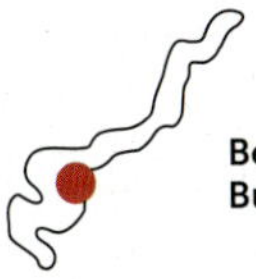

Bereich
Burg Cochem

DEUTSCHLANDS
BESTE VINOTHEKEN

Winzer mit Baseball-Cap

In der Vinothek des **Weingutes Dax** beweist Oliver Dax, wie zeitgemäßer Weingenuss auch ein jüngeres Publikum begeistert. Krönung jeden Besuchs ist der herrliche Ausblick ins Moseltal

Wenn man Oliver Dax fragt, warum Winzer sein absoluter Traumjob ist, dann fällt ihm die Antwort leicht. »Dieser Beruf hat so viele Facetten, dass man eigene Ideen wunderbar verwirklichen kann«, sagt der 30-Jährige, der zusammen mit seinen Eltern das traditionsreiche Weingut Dax in der Moselgemeinde Ernst nahe Cochem leitet. Die Vermarktung des Sortiments – mit 20 Sorten bewusst übersichtlich gehalten und gebietstypisch mit einem großen Rieslinganteil – macht dem Winzer in siebter Generation besonders viel Freude. Dazu passt, dass die Realisierung der eigenen Vinothek eines seiner Herzensprojekte war. Gemeinsam hat die Familie den Neubau über viele Monate geplant.

Seit Mitte 2019 befindet sich dieser ungefähr 100 Meter vom eigentlichen Betrieb entfernt, gut sichtbar an der Moselweinstraße und direkt neben dem eigenen Vinotel für 30 Gäste. »Auf dem Eckgrundstück befand sich einst ein altes Winzerhaus, das zu baufällig war, um es zu erhalten«, erzählt Oliver Dax. Allen sei es jedoch ein besonderes Anliegen gewesen, wenigstens einen Teil des Gebäudes zu bewahren. »Aus altem Eichenholz, das aus Dachstuhl und Wandfachwerk stammt, haben wir die Theke und unsere Regale für den Verkaufsraum schreinern lassen.« Zusammen mit dunklem Basalt aus der Eifel ergibt dies nicht nur ein harmonisches, sondern auch zeitgemäßes Bild. Dass beim Bau zudem Sichtbeton verwendet wurde, hat einen praktischen Grund: die Vinothek liegt im Überschwemmungsgebiet der Mosel.

Ob der Gast, der sich sein Glas Wein und vielleicht noch die feine Käseauswahl am Tresen abgeholt hat, die kulinarische Auszeit lieber auf der Sonnenterrasse oder im Innenhof der Vinothek genießen möchte, bleibt ihm selbst überlassen. Den herrlichen Ausblick ins Moseltal und auf die steilen Hänge des Valwiger Herrenberges sollte man sich jedenfalls nicht entgehen lassen.

Rund um die Moselgemeinde Ernst bewirtschaftet Familie Dax rund fünf Hektar Weinbergsfläche. 95 Prozent der produzierten Flaschen gehen direkt an Endverbraucher, nur ein sehr kleiner Teil an Gastronomen vor Ort. »Das ist unser ganz persönlicher Weg«, sagt der staatlich geprüfte Techniker für Weinbau und Oenologie. Dadurch, dass coronabedingt zuletzt viele Deutsche Urlaub im eigenen Land gemacht haben, hätte man auch in Vinothek und Gästehaus deutlich jüngere Gäste begrüßen können. »Und ich bin überzeugt davon, dass dies auch das Zielpublikum der Zukunft sein wird.«

Auf dem Weingut Dax bedient man das steigende Interesse gern mit einer umfassenden Beratung, wobei auch Einblicke in die Abläufe in Weinberg und Weinkeller erklärt werden. »Es geht vor allem darum, unseren Gästen jederzeit die Möglichkeit zu geben, unsere Weine zu probieren«, erzählt Oliver Dax. »Dies allerdings so ungezwungen, dass man auch als Laie keine Berührungsängste haben muss.« Dazu passt gut, dass der Jungwinzer ganz gern das Baseball-Cap aufbehält, wenn er seinen Gästen Wein ausschenkt. Der ganz persönliche Weg eben.

Weingut Dax
Moselstraße 35, 56814 Ernst/Mosel
Telefon: 02671 9177216
Mail: info@weingut-dax.de
www.weingut-dax.de

Oliver Dax

MEIN SCHATZ AM PLATZ

Eiserner Mast

Gar nicht so sehr bekannt, dafür aber wunderschön ist der Aussichtspunkt auf dem Herrenberg – Höhe »Eiserner Mast«. Der Blick auf die Mosel, die Weinberge und unseren Ort Ernst ist Lohn genug für den Anstieg.

▲ Die Stühle und Tische im Weinberg sind heiß begehrt – die Gäste wollen am liebsten alle dort sitzen

▼ Tochter Pauline will Theologie studieren, doch in der Vinothek hilft sie Vater Hans-Josef Adams gern

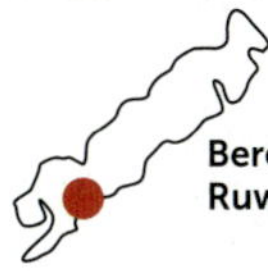

Sinnliche Kontraste

Lichte Weite trotz alten Gemäuers – in der Vinothek des **Weingutes Kühner-Adams** trifft zurückgenommener Chic auf das historisch-pralle Milieu eines alten Winzerhauses

Sie wollten ihrem Wein ein schönes Zuhause geben. Das waren die Gedanken von Christa Kühner-Adams und Hans-Josef Adams, als sie in Mehring-Lörsch mitten in den Weinreben der Steilhänge ihr moseltypisches Familien-Winzerhaus aus dem Jahr 1902 entkernten und mit viel Hingabe historisch aufarbeiteten.

Dieses sogenannte Trierer Quereinhaus beherbergt traditionell Wohn- und Wirtschaftsräume unter einem Dach. Es steht zwar nicht unter Denkmalschutz, dennoch war es dem Winzerehepaar wichtig, »dass ein Architekt die Planung übernahm, der sich mit der Erhaltung historischer Bausubstanz auskannte«, erzählt Christa Kühner-Adams, im Erstberuf Agrar-Ingenieurin. Der Ehemann hat Betriebswirtschaft studiert. Tochter Pauline will vielleicht Theologin werden, hilft am Wochenende aber aus.

Also wurden Bruchsteinmauern restauriert, Schieferstein und Natursteinwacken verbaut, Fenster, Dielen und Eichenholztreppen saniert, Originalfliesen aus Italien besorgt. Jede Pore des Haupthauses mit dem liebevoll gestalteten Ferienhaus sowie angrenzender Terrasse verströmt Vergangenheit. »Genau das hatten wir uns vorgestellt«, sagt Christa Kühner-Adams. Weinverkostungen werden im »Alten Heuspeicher« zelebriert, vom Design her eine beeindruckende Materialmelange aus Moselsandwänden mit Muscheleinsprengseln, über Putz gelegten Leitungen, Eichenholzschränken und modernem Mobiliar – behütet von einem hundert Jahre alten Dachgebälk.

Um den Weintouristen aber auch einen Blick in ihre Weinberge und auf das Moseltal anzubieten, wurde 2018 ein vor den Giebel gesetzter Glaskubus eröffnet. Praktischerweise befindet sich darunter eine alte Garage als Unterbau. Die Treppe hinauf besteht aus Steinen einer alten Mauer aus dem Weinberggelände. Sichtbar trifft nun in der »Vinothek am Flusskilometer 174« Neu auf Alt, innen getrennt durch eine Industrietür mit Glas, so wie einst schon Bauern den Stall vom Wohnhaus trennten. Die Theke aus Stahl steht vor einer rustikalen Wand aus Natursteinen. Die Tischplatten sind aus Eichenkrummholz, sie liegen auf starken Metallbeinen. Dank der Panoramascheiben ist alles lichtdurchflutet, der zurückgenommene Chic der Inneinrichtung bildet einen sinnlichen Kontrast zum historisch-prallen Milieu des alten Winzerhauses.

Und weil neben Liebe zum Bewahren und zur Nachhaltigkeit auch die Artenvielfalt wichtiges Puzzleteil der Familienphilosophie ist, steht im Weinberg auch ein sogenannter Lebensturm für Kleinstlebewesen. Und zu den Riesling-Reben haben die Kühner-Adams vor vier Jahren auch den Gelben Kleinberger wieder angebaut. Der Anbau war ein Risiko, doch ein Rebsortenforscher und ein Rebsortenveredler standen mit Rat und Tat zur Seite. Weinliebhaber freuen sich seither auf den goldgelben, leicht würzigen Wein mit fruchtigen Aromen.

i

Weingut Kühner-Adams Vinothek
In Lörsch 1, 54346 Mehring/Mosel
Telefon: 06502 20617
Mail: weingut@kuehner-adams.de
www.kuehner-adams.de

Christa Kühner-Adams

MEIN SCHATZ AM PLATZ

Schöne Inselplätze

Besonders beliebt sind bei uns die Sitzinseln mitten in unseren Cabernet-Blanc-Reben. Wir haben alte Holzstühle und Tische aus dem Fassbau mit Sonnenschirmen aufgestellt. Nun wollen alle einen Inselplatz, von wo aus sie auf unsere Blumenwiese schauen können.

▲ »Mit großem Feingefühl für die Geschichte vorgehen«: Amelie von Schubert in der Vinothek des Weinguts Maximin Grünhaus

Historie als Motivation

Geschichte in die Moderne heben, Tradition wahren und Neues entwickeln – das sind oft nur Phrasen. Das **Weingut Maximin Grünhaus** hat bewiesen, dass dies auch wirklich gelingen kann

Die Weinbaugeschichte der Familie von Schubert reicht weit zurück. Bereits seit 1882 befindet sich das Weingut Maximin Grünhaus im Familienbesitz und gehört damit zu den traditionsreichsten Gütern der Region. 1981 übernahm Conrad von Schubert den Betrieb und heimste vor allem in den 2000er Jahren zahlreiche Auszeichnungen ein. 2014 gab er die Leitung an seinen Sohn Maximin von Schubert ab, der gemeinsam mit seiner Frau Amelie auf dem Gut lebt und arbeitet.

Seitdem ist das Unternehmen vor allem für den gelungenen Schritt in die Moderne bekannt – sowie weiterhin für ausgezeichnete Rieslinge. Die Historie ist dabei nicht nur Anker, sondern auch Motivation, immer wieder einen neuen Schritt nach vorn zu gehen.

Bereits die Lage des Weinguts ist spektakulär: Am Fuße eines steilen Südhangs, begrünt mit natürlichen Wildkräutern zwischen den Rebzeilen, steht das historische Schloss. Der Weinberg gehört allein der Familie und stellt drei Monopollagen. Eine Seltenheit in Deutschland, die man sich auf die Flasche schreiben kann: Abtsberg, Herrenberg, Bruderberg. Alle drei Lagen liegen in vergleichsweise kühlen Teilen der Moselregion. In Zeiten der Klimaerwärmung ist das ein Vorteil, der es erlaubt, weiter frische und besonders feine Rieslinge zu produzieren. Und obwohl die Moselregion vornehmlich für Rieslinge bekannt ist, bringt das Weingut Maximin Grünhaus auch einen Weißburgunder und Spätburgunder auf die Flasche, die fein und elegant gemacht sind. Bei den Rieslingen sind die trockenen Vertreter zupackend und mineralisch, auch immer etwas würzig, die restsüßen fruchtig, ohne an Frische zu missen.

Ein Beweis für die feinfühlige Weiterentwicklung und Beweglichkeit des Gutes ist auch die Einrichtung der Vinothek. Amelie von Schubert sagt: »Wir wollten mit großem Feingefühl für die Geschichte vorgehen und dennoch eine moderne und funktionale Vinothek integrieren.« In enger Zusammenarbeit mit dem Architekten wurde ein Tisch aus Grünhäuser Eiche zum Mittelpunkt des Raumes. Rollcontainer aus Holz, die zugleich edel wirken und beweglich sind, können je nach Anlass unterschiedlich gestellt und genutzt werden und spiegeln auch die Beweglichkeit der Familie wider.

Insgesamt ist die Vinothek reduziert und lässt Platz für denkmalgeschützte Fenster und Türen mit Messingverzierungen und den alten Kamin. Eine lange Bar integriert sich in das Ensemble. »Wir richten uns an Weinliebhaber aus der ganzen Welt«, sagt Amelie von Schubert. Ein Zeichen für die einfühlsame Weiterentwicklung ist auch das kultige Etikett des Weinguts im Jugendstil, das 2016 ein kleines Facelift erhielt, ohne dabei die traditionsreichen Wurzeln zu vergessen.

i

Weingut Maximin Grünhaus
Maximin Grünhaus 1, 54318 Mertesdorf
Telefon: 0651 5111
Mail: info@maximingruenhaus.de
www.maximingruenhaus.de

Maximin von Schubert

MEIN SCHATZ AM PLATZ

Die Ruwer entdecken

Die Ruwer gehört zum Anbaugebiet Mosel, aber es lohnt sich, diesen Nebenfluss zu entdecken. Am besten einen Picknickkorb schnappen, eine Flasche Riesling und ein paar Käsecracker einpacken und spazieren gehen auf dem Ruwer-Riesling-Erlebnisweg. Je nach Laune nur kurz oder den gesamten Rundweg mit 8,2 Kilometern. An zehn Stationen wird der Weinbau an der Ruwer erläutert.

▲ Inmitten von Reben entstand 2019 auf dem Wiltinger Schlossberg die Van Volxem Manufaktur – inklusive Vinothek

▼ Ausschank mit Aussicht: Blick auf Täler und Weinberge

»Im internationalen Weinbau gehen Wein und Architektur schon immer Hand in Hand. Dieser Kultur fühlen wir uns verpflichtet und wollen an das Ansehen anknüpfen.«

ROMAN NIEWODNICZANSKI
Weinunternehmer

Bereich
Saar

DEUTSCHLANDS
BESTE VINOTHEKEN

Leuchtturm der Region

Roman Niewodniczanski gehört zu den prägendsten Weinpersönlichkeiten Deutschlands. Er hat das **Weingut Van Volxem** aus der Vergessenheit geholt und mit dem Neubau eine Vinothek geschaffen, die an der Saar einzigartig ist

Vor hundert bis hundertzwanzig Jahren gehörten Weine von Mosel, Saar und Ruwer zu den ganz großen der Welt. In vielen Hauptstädten und Restaurants waren sie teils höher bepreist als bekannte Namen aus dem Bordeaux, Burgund oder der Champagne. Dann folgte ein jahrzehntelanger Dornröschenschlaf. Einige Weingüter gerieten teils komplett in Vergessenheit. Eines von ihnen holte ausgerechnet ein Sohn der Bitburger-Dynastie aus der Versenkung. 1999 übernahm Roman Niewodniczanski das Weingut Van Volxem an der Saar. Seine Vision: an die goldenen Zeiten des Saar-Rieslings anzuknüpfen. Die Weinwelt ist sich zwanzig Jahre später einig. Roman Niewodniczanski hat Erfolg. Er hat gemeinsam mit einer Handvoll anderer Winzer der Saar ein neues Standing verliehen. Mit feinen, filigranen Rieslingen aus den Steillagen.

2019 erreichte Niewodniczanski einen weiteren Meilenstein. Die Van Volxem-Manufaktur wurde eröffnet. Hier verbinden sich die Kernwerte seiner Weinphilosophie: Klarheit, Eleganz und Präzision, auch in Architektur und Design. »Im internationalen Weinbau gehen Wein und Architektur schon immer Hand in Hand«, sagt Niewodniczanski. »Dabei folgt der gesamte Bau in allererster Linie den Anforderungen der Weinbereitung.« Das gesamte Gebäude wurde so gebaut, dass im Weingut alle Prozesse durch Gravitation erfolgen können. »Wir müssen keine Pumpen einsetzen, das schont den Wein«, erklärt Niewodniczanski.

Es gehört zu den Leistungen des Weinunternehmers, dass sich Funktionalität und elegantes Design verbinden. Italienische Architekten aus Südtirol und eine Innenarchitektin aus Deutschland wurden für den Bau beauftragt. »Wir haben einen Exzellenz-Anspruch«, sagt Niewodniczanski, der beim Bau das Beste wollte, ohne dabei auf Nachhaltigkeit zu verzichten. Das Weingut versorgt sich zu 100 Prozent selbst mit Solarstrom.

Die Vinothek und der Besucherbereich sind schon von Weitem erkennbar. Der turmähnliche Bau befindet sich inmitten von Reben auf dem Wiltinger Schlossberg. Ein sanft hügeliger Weinberg mit direkter Anbindung an einen Altarm der Saar. Die Vinothek ist angelehnt an den auf der gegenüberliegenden Seite errichteten »Bismarckturm«, der bereits 1893 erbaut wurde und Ausdruck des Selbstbewusstseins des erfolgreichen Saar-Weinbaus war. Der Van Volxem-Turm liegt auf ungefähr gleicher Höhe. »Wir fühlen uns dieser Historie verpflichtet und wollen wieder an dieses internationale Ansehen anknüpfen«, sagt Niewodniczanski.

Wichtiges Bauelement für das Gebäude ist Naturstein, der auf die von Mineralität geprägten Weine aus Schiefersteillagen verweist. Die Fassade ist in hellem Muschelkalkstein gehalten, im Keller wurde mit Gneis Granat gearbeitet. Das sorgt für perfekte klimatische Bedingungen bei der Reife der Rieslinge und folgt der regionaltypischen Tradition der Trockenbauweise moselländischer Weinbergsmauern.

i

Weingut Van Volxem
Zum Schlossberg 347, 54459 Wiltingen/Saar
Telefon: 06501 802290
Mail: office@vanvolxem.com
www.vanvolxem.com

Roman Niewodniczanski

MEIN SCHATZ AM PLATZ

Quakende Frösche

Die Travertinbank in unserem kleinen Park. Ich habe aus einem Travertin-Riegel (Muschelkalkstein) eine Bank vor unseren kleinen Teich platzieren lassen. Bisher nutzen das nur sehr wenige Menschen, aber dort unten quaken die Frösche, die Stimmung ist wundervoll.

DEUTSCHLANDS
WEINREGIONEN

Edles Handwerk

Die **Weinregion Nahe** präsentiert mit jungen Winzern einen neuen kreativen Stil. Der Lohn bleibt nicht aus

Die Nahe wird 50, herzlichen Glückwunsch. Aber wie ist es möglich, dass in einem Land mit vielen hundert Jahren Weinbautradition eine so zentral gelegene Region so spät auf die Bühne tritt? Sind sie hier wirklich erst 1971 auf die Idee gekommen, dass Wein eine Huldigung an die Natur ist, seine Produktion ein edles Handwerk, ein honoriges Geschäft und manchmal sogar eine Kunst?

Natürlich nicht. Weinbau gibt es an der Nahe und ihren Nebenflüssen seit den Zeiten der Römer. Nur wurde lange, was die Winzer hier hervorbrachten, dem Begriff »Rheinwein« zugeschlagen. Was für eine schnöde Missachtung!

Denn die jüngste Weinbauregion Deutschlands ist womöglich die kreativste, vielleicht auch die vielfältigste. Rund 180 verschiedene Bodenvarianten haben Experten identifiziert, Quartz und Schiefer, Porphyr, Rotsandstein, Mergel, Löss und Lehm, ein aufgeblättertes Kompendium der Erdgeschichte. Das Land ist mal steil wie unter dem Rotenfels, mal eher sanft gewellt – aber immer eine Herausforderung an den Sinn für das, was möglich ist.

Damit kommen die jungen Winzer ins Spiel. Gerade weil sie ihren Platz zwischen Mosel und Rhein noch behaupten müssen, entwickeln sie hier einen ganz eigenen Stil und einen bemerkenswerten Ehrgeiz, es anders zu machen. Der Lohn bleibt nicht aus: Die besten unter den filigranen, vielschichten Rieslingweinen von der Nahe sind Weltklasse; im renommiertesten Gradmesser für Qualität hierzulande, dem Riesling-Cup der Zeitschrift »DER FEINSCHMECKER«, immer ganz weit vorn.

◄ Der Rotenfels ist die höchste Steilwand Europas nördlich der Alpen. Der 327 hohe Berg über Bad Münster ist Naturschutzgebiet und Heimat seltener Pflanzen und Tiere

▲ Perfekte Symbiose: samtgrauer Beton, schwarzer Stahl und Holz geben dem 500 Jahre alten Gemäuer neue Leichtigkeit

”

»In kürzester Zeit hat sich Anette Closheim als Winzerin einen Namen gemacht. Man schmeckt den Qualitätsanspruch, mit dem sie jede Traube umhegt.«

JURYMEINUNG
über Anette Closheims Weine

▼ Moderne trifft Tradition: Eingang zur Vinothek

Bereich Nahetal

DEUTSCHLANDS
BESTE VINOTHEKEN

Spektakuläre Leichtigkeit

Das Rad neu erfinden, nein, das wollte **Anette Closheim** ja gar nicht. Aber ein paar Neuerungen sollten es schon sein. Eine Geschichte von Können, Sensibilität und Mut

Die Tochter hatte wohl ihren eigenen Kopf. Irgendwann verließ Anette Closheim das 150 Jahre alte Weingut der Familie an der Nahe, um sich in der Welt umzusehen. Und irgendwann kam sie zurück. In der Zwischenzeit hatte sie gelernt, dass auch eine in Jahrhunderten gereifte Tradition jemanden braucht, der sie als glückliche Fügung von Können, Sensibilität und Mut begreift und zugleich versteht, dass solches Glück jeden Tag neu erobert werden muss. Wäre es nicht an der Zeit, fragte sie sich, solche Erkenntnis auf den heimatlichen Wein anzuwenden? Und wäre Langenlonsheim ein Ort, den Schritt zu wagen?

Der Vater Konrad Closheim war skeptisch. Nicht grundsätzlich abgeneigt, das nicht, aber doch erfahren genug, seinem Publikum keine allzu wilden Sprünge zuzumuten. Es muss den einen oder anderen Abend spät geworden sein, bis die perfekte Formel gefunden war: Du machst dein Ding, ich mache meins, aber jeder hilft dem anderen, wo immer es nötig ist. Es sind nicht viele Familien, denen ein solcher Übergang gelingt.

Nein, das Rad habe sie nicht neu erfinden wollen, beschwichtigt Anette Closheim. Es lief ja alles wunderbar rund. Aber etwas ausprobieren, das wollte sie, mutig sein, alles auf Qualität setzen und Routine auch mal links liegen lassen. Auf den Wein übertragen: mehr selektive Lese, die Menge halbieren, das Aroma, nun ja, vielleicht nicht verdoppeln, aber doch deutlich akzentuieren. Neue Rebsorten zulassen, im Keller mehr mit Holz arbeiten, auf Spontanvergärung vertrauen; die Liste der Neuerungen war lang.

Und wurde belohnt: Riesling-Entdeckung des Jahres gleich im ersten Anlauf, Aufstieg in die Liga der Winzer, bei denen die Spitzengastronomie anklopft, neues Design, eine neue Philosophie, eine eigene Linie von heute 15 Weinen, die ihren Namen trägt. Den Namen einer Frau.

Die ehemalige Kelter gleich gegenüber der Kirche war eigentlich ein sehr passender Ort, um zum Ausdruck zu bringen, was sich alles geändert hatte und was bleiben sollte. Einst hatten die Weinbauern der Umgebung hier ihre Trauben gepresst; der inzwischen leerstehende Bau war ein Treffpunkt der Gemeinschaft gewesen. Anette Closheim ließ das 500 Jahre alte Gemäuer restaurieren und das Fachwerk in seinem Inneren rigoros freilegen. Was die Mainzer Architektin Beate Lemmer zum Vorschein brachte, waren überraschend moderne Strukturen, eine luftige Höhe und ein Gitterwerk von spektakulärer Leichtigkeit. Jede Ähnlichkeit mit den Anforderungen an ihren Wein, fügt die Winzerin hinzu, sei volle Absicht.

Kernstück der neuen Vinothek ist der flache Kubus, der sich an den restaurierten Altbau anschließt und ihn mit dem Weingut der Familie verbindet. Das Zentrum des vorn zur Straße und hinten zum Hof offenen Riegels aus Glas und Stahl bildet der langgezogene Stehtisch für die Weinverkostung – ein Altar mit Blick auf das gegenüberliegende Gotteshaus.

Weingut Closheim
Naheweinstraße 97, 55450 Langenlonsheim
Telefon: 06704 1314
Mail: info@anetteclosheim.de
www.anetteclosheim.de

Anette Closheim

MEIN SCHATZ AM PLATZ

Ab auf den Berg

Die Nahe ist Entdeckerland. Vielleicht liegt's daran, dass sie als eigenständiges Weinbaugebiet noch jung ist. Wer sich abseits der ausgetretenen Pfade bewegen möchte, kann staunen, etwa über den Rotenfels. Oben gibt's ein Plateau mit Blick auf das Naheland.

DEUTSCHLANDS
WEINREGIONEN

Italien im Sinn

Die **Weinregion Pfalz** ist ein Füllhorn der Genüsse: mediterranes Klima, 1800 Sonnenstunden im Jahr, Feste allerorten

Nein, die Pfalz ist nicht Italien. Obwohl die Verwechslungsgefahr durchaus begründet ist: Das Klima ist mediterran, Mandelbäume blühen, sogar Feigen reifen hier. Das Land ist lieblich gewellt wie die Toskana; wie das Meer wogen die Weinfelder entlang der Deutschen Weinstraße – Ludwig I., König von Bayern und Verehrer des Südens, war so begeistert, dass er sich mitten hinein in diesen Traum die Villa Ludwigshöhe bauen ließ nach antikem Vorbild, den Pfälzerwald im Rücken, Blick in die weite Ebene des Rheins, ein Wahrzeichen und Symbol.

Er war nicht der Letzte, den diese freundliche Region in ihren Bann geschlagen hat. Wandern, Wein trinken, eine der alten Burgen oder ein Kloster besichtigen, eines der unzählbaren Weinfeste besuchen, Italien im Sinn, das nahe Frankreich am Gaumen – die Pfalz ist ein Füllhorn der Genüsse. 130 Weinorte zwischen Bockenheim bei Worms und Schweigen an der Grenze zum Elsass, 1800 Sonnenstunden im Jahr. 100 Millionen Rebstöcke, 23.000 Hektar Anbaufläche, jede dritte Flasche deutschen Weins kommt aus der Pfalz.

Eine Zeitlang drohte das zum Problem zu werden. Menge war das Ziel der Produktion, im Wettbewerb um Qualität begnügte sich das Weinland mit eher mittleren Rängen. Bis eine junge Generation von Winzern das Kommando übernahm, neugierig und ambitioniert. Bis die Gäste im Land nach Spitzenqualität fragten: Riesling, diverse Burgundersorten, auch Dornfelder und sogar Cabernet Sauvignon. Wir produzieren Wein seit den Zeiten der Römer, sagten da die Pfälzer. Wir können das.

◀ Der Blick vom Kalmitwingert aufs Ilbesheimer Rebenmeer wurde 2020 zur „schönsten Weinsicht der Pfalz" gekürt. Am Ort befindet sich ein Lehrpfad – ein Gang durch die Historie des Weinbaus

▲ Im Kontrast zu vielen Neubauprojekten wird bei Bürklin-Wolf in der Architektur Wert auf den historischen Bezug gelegt

»

»Unser Ziel war, die Vinothek im englischen Garten so zu gestalten, als wäre sie schon immer dort gewesen. Sie sollte sich organisch in den denkmalgeschützten Bestand einfügen.«

BETTINA BÜRKLIN-VON GURADZE
Besitzerin

▼ Historischer Glanz durch sensibel restaurierte Möbel

Im englischen Garten

Tradition spielt im **Spitzen-Weingut Dr. Bürklin-Wolf** eine besondere Rolle. Die Vinothek wurde mit historischen Möbeln und einem Ölgemälde des Geheimrates Bürklin aus Familienbesitz gestaltet

Das Weingut Bürklin-Wolf steht für fantastische Rieslinge aus biodynamischem Anbau von den besten Lagen der Pfalz: Forster Kirchenstück, Jesuitengarten und Ungeheuer oder Deidesheimer Hohenmorgen und Langenmorgen sind nur einige der Spitzenlagen des Weinguts. Seit 1992 wird das Weingut von Bettina Bürklin-von Guradze geleitet. Sie hat maßgeblich zum Aufstieg des Betriebs beigetragen mit dem Ziel, trockene Rieslinge aus den besten Lagen der Mittelhaardt mit Weltruf zu versehen. Die Biodynamie steht dabei im Mittelpunkt der Bewirtschaftung, die Weinberge werden besonders schonend behandelt. Die Kombination von Biodynamie und der Fokus auf Rieslinge von Spitzenlagen machen den Betrieb für viele Weinfans aus aller Welt zur Topadresse. Die Weine haben enorme Kraft und Komplexität und zeigen unterschiedliche mineralische Prägungen, je nach Lage.

Auch historisch schöpft das Weingut Bürklin-Wolf aus dem Vollen und kann die Geschichte bis ins Jahr 1597 zurückverfolgen. Ein Thema, das auch bei der Gestaltung der neuen Vinothek eine Rolle spielte. »Die Vinothek soll wirken, als wäre sie schon immer da gewesen«, sagt Bettina Bürklin-von Guradze. Ein Anspruch, der architektonisch treffend umgesetzt wurde. Kein moderner Waschbeton, keine großen Fensterfronten. Die Vinothek schließt direkt an die Historie des Gebäudes an. Was früher ein Pferdestall war, zwischenzeitlich als Lager genutzt wurde, strahlt jetzt im neuen und dennoch historischen Glanz. Dies gelang mit viel Sensibilität. Die alten Polstermöbel stammen aus den Beständen der Besitzerin und wurden neu gepolstert. Parkettböden und Vollholzmöbel runden das Bild ab. Auch die Wandgemälde stammen aus dem Archiv des Weinguts. Überall wurde an die Historie angeknüpft, ohne jeglichen Kitsch.

Bemerkenswert ist auch die Gestaltung des umgebenden englischen Gartens. In zwei alten Wintergärten bleiben Gäste auch an nassen Tagen trocken. Hier hat man einen unverbauten Blick auf den großen Landschaftsgarten des Guts und die Weinberge der Pfalz. Die Jury zeichnet daher das Projekt mit dem Preis der ausgezeichneten Vinotheken Deutschlands aus, weil es »im Kontrast zu den Neubauprojekten steht und bewusst den Bogen zu den Themen behutsame Einfügung und Weiterentwicklung spannt.«

In der Vinothek sind Weininteressierte herzlich willkommen. »Hier kann jeder das richtige Glas Wein finden«, sagt Geschäftsführer Steffen Brahner. Zwei Mitarbeiter können vieles über Weingut, Lagen und Arbeit im Betrieb und Weinberg erzählen. Für Weininteressierte finden auch hochkarätige Events wie Jahrgangsvertikalen einzelner Lagen oder ganze Tage im Weingut mit besonderen Einblicken statt. Ein Highlight sind auch die »Bürklin.Wein.Zeit.«-Events, die immer am ersten Wochenende im Monat von Mai bis Oktober stattfinden. Zu den Spitzenrieslingen des Weinguts werden aus einem Food-Truck vier passende Gerichte angeboten.

Weingut Dr. Bürklin-Wolf
Weinstraße 65, 67157 Wachenheim
Telefon: 06322 95330
Mail: bb@buerklin-wolf.de
www.buerklin-wolf.de

Steffen Brahner

MEIN SCHATZ AM PLATZ

Im Weinberg essen

Ich empfehle von ganzem Herzen einen Besuch in unserem Restaurant Hofgut Ruppertsberg. Dort kocht Jean-Philippe Aiguier mit Bioprodukten eine französisch angehauchte Küche. Es ist einer der schönsten Plätze, um direkt im Weinberg zu essen.

▲ Moderne Eleganz: Das Gebäude passt sich der urigen Landschaft an

▼ Familiensache: Martin Braun ist zuständig für Marketing und Verkauf

▶ Besonderer Hingucker ist der Tresen aus kaputten Weinflaschen

Zurück zu den Wurzeln

Wenn es nach der **Winzerfamilie Braun** in Meckenheim geht, soll Weingenuss etwas Besonderes, aber auch Unkompliziertes sein. Back to the Roots – neu gedacht

Neben einer idyllischen Pferdekoppel, ein wenig versteckt hinter Nussbäumen gelegen, wartet ein wunderbar unaufgeregter Ort: die Vinothek des Weingutes Braun im pfälzischen Meckenheim. Während sich die Seniorchefin draußen liebevoll der prächtigen Bepflanzung des ehemaligen Privatgartens widmet und der Seniorchef auf dem Gabelstapler nach dem Rechten sieht, kümmert sich Martin Braun drinnen um die Geschicke eines Betriebes, der sich seit den 1970er Jahren komplett dem Weinbau verschrieben hat. Sein älterer Bruder Michael führt als technischer Betriebsleiter und Kellermeister das Weingut. Familie Braun ist bekannt für ihre Burgunder- und Riesling-Kreationen – aktuell etwa 35. Und weil die klassischen Endverbraucher noch immer zwei Drittel des Kundenstammes ausmachen, entstand vor einigen Jahren die Idee einer neuen Vinothek. Für ein bisschen mehr »Drumherum«.

»Früher gab es eine eher rustikale Probierstube neben der Küche«, erzählt der 39-Jährige. »Weil Wein als Erlebnis heute jedoch immer mehr an Bedeutung gewinnt, haben wir 2018 unsere Vinothek eröffnet.« Jedes Detail hat die Familie sorgsam geplant und umgesetzt – die Möbel aus Eichenholz genauso wie die Garderobe aus Fassdauben vom großelterlichen Weingut im benachbarten Ellerstadt. Die markanten metallenen »Rebstickel« am Dachkranz des Gebäudes ebenso wie das Herzstück der Vinothek: ein effektvoll beleuchteter Tresen mit grünlich schimmerndem Bruchglas. »Die Architektur soll zeigen, dass wir ein junger Betrieb sind, dem aber auch seine Wurzeln wichtig sind. Schließlich haben wir einen großen Stamm an Kunden, und wir wollten alle mitnehmen«, erklärt Martin Braun. Es sollte also keineswegs zu demonstrativ sein, nicht zu laut. Und das ist es definitiv nicht geworden: Unangestrengt fügt sich der moderne Bau aus Naturstein, Stahl und viel Glas in die ländlich-ruhige Umgebung der Ortschaft ein.

Die Verbindung von Alt und Neu – sie gilt auch bei der Weinproduktion. Nutzten die Eltern keine Holzfässer mehr, befindet sich heute direkt unter der Vinothek der Keller für den Barrique-Ausbau. »Back to the Roots neu interpretiert« nennt das der studierte Weinbetriebswirt, für den ein globaler Blick auf die Weinwelt selbstverständlich ist.

Und wenn im Herbst Zeit für die Straußwirtschaft ist, dann wird auf dem Weingut für sechs bis acht Wochen täglich Wein ausgeschenkt. »Natürlich wollen unsere Kunden hochwertige Produkte. Gleichzeitig soll Wein aber auch etwas Umkompliziertes sein«, sagt Martin Braun, der Mitglied von »Winechanges« ist – ein Zusammenschluss von jungen Betrieben, die das Thema ausdrücklich jedermann zugänglich machen wollen. Und so mischen sich gerade in jenen Wochen regional verwurzelte Genießer mit extra angereisten Weintouristen, beleben gemeinsam die Terrasse zum Garten und bestätigen jeder für sich eine weitere Überzeugung der Familie Braun: »Wein ist immer auch ein emotionales Thema.«

i

Wein- und Sektgut Braun
Hauptstraße 51, 67149 Meckenheim/Pfalz
Telefon: 06326 8596
bws@braun-wein-sekt.de
www.braun-wein-sekt.de

Beatrix Braun

MEIN SCHATZ AM PLATZ

WeinTestival

»Sechs auf der Höhe« heißt das jährlich stattfindende WeinTestival in Meckenheim. Fester Bestandteil der Open-Air-Veranstaltung ist auch der Weinparcours, bei dem sich verschiedene Güter präsentieren.

▲ Schöner Fremdkörper: Der Kubus der Familie Gaul ragt auffällig modern und monolithisch aus dem Rebenmeer der Wingertsreihen

Frauen-Power im Kubus

Im **Weingut Gaul** teilen sich die »Gaul-Sisters« Dorothee und Karoline die Arbeit – die eine im Keller, die andere im Verkauf. Die schicke Vinothek ist ihr gemeinsames Werk

Regisseur Wim Wenders hat 1987 mit seinem Film »Der Himmel über Berlin« dem Universum über der deutschen Hauptstadt ein cineastisches Denkmal gesetzt. Vielleicht hat der Architekt Professor Bernhard Focht so etwas Ähnliches im Sinn gehabt, als er 2012 auf ein Stück Butterbrotpapier einen Kubus skizzierte, der inmitten eines Weinberges in der Pfalz »wie vom Himmel gefallen« stehen sollte.

So jedenfalls erzählt Dorothee Gaul die Entstehungsgeschichte ihrer Vinothek in Grünstadt-Sausenheim, einem kleinen Ort im Speckgürtel des Rhein-Neckar-Dreiecks. Hier, in der Nordpfalz mit ihrem tertiären Kalkstein, bewirtschaftet die 35-Jährige mit ihrer zwei Jahre älteren Schwester Karoline das elterliche Weingut. Vor zehn Jahren übernahmen die Töchter, beide studierte Winzerinnen den 1993 gegründeten Betrieb mit 20 Hektar Rebfläche – und setzten sich charmant gegen Widerstände aller Arten durch. Die Arbeitsteilung organisierten sie harmonisch: Dorothee, die jüngere mit Hang zur Technik, übernahm den Keller. Die ältere Schwester, geübt in Sachen Kommunikation, ist für Vermarktung und Verkauf zuständig. Und wie es so ist, wenn die Nachfolgegeneration eintritt, wollten sich auch die »Gaul-Sisters«, wie sie sich nennen, dem Zeitgeist annähern, der zunehmend schicke Vinotheken an der Stelle von altbackenen Probierstuben fordert.

Mitten im Wingert also, wie die Pfälzer ihre Weinberge mundartlich liebevoll nennen, entstand in zweijähriger Bauzeit ein rostroter zweistöckiger Würfel mit einem Cortenstahlmantel, der farblich auffällig und damit »krass gegensätzlich«, wie Dorothee Gaul beschreibt, aus der natürlichen Rebstockidylle herausragt. Darüber hinaus zeichnet dieses Material ganz pragmatisch eine Besonderheit aus: Sulfate und Phosphate unter der Oberfläche entwickeln mit der Zeit eine Sperrschicht, die gegen Verwitterung schützt.

Hinter der Glasfront bis zum Boden genießen die Gäste im Erdgeschoss nicht nur die feine Mineralität und filigrane Frucht der Gaul-Weine, sondern auch das feminine Gemisch aus Gemütlichkeit und moderner Eleganz. Das wollten die Schwestern mit Mutter Rosemarie an ihrer Seite genauso haben – weshalb die Gestaltung dieses Raumes auch die längste Zeit in Anspruch nahm.

Dezent farbige Sitzkissen auf den breiten Fensterbänken, avantgardistische Kunststoffschalenstühle unter Art Deco nachempfundenen Deckenleuchten lassen dem Auge Weite. Ein im Boden eingelassenes Fenster gibt den Blick frei auf den Barriquekeller. Boden, Tischplatten und die Theke aus Eichenholz, dazu Stahl als Kombinationselement verleihen der Leichtigkeit des Interieurs Bodenhaftung. Draußen im Blühgarten steht als weiterer Kontrapunkt ein Betontisch, dessen Platte Karoline Gaul gegossen und eigenhändig mit dem Hammer von den Luftblasen befreit hat. Eisenstühle komplettieren das Ensemble. Für den Besuch ihrer Reben benutzen die Schwestern gern mal ein Quad. Frauen-Power eben.

i

Weingut Karl-Heinz Gaul
Bärenbrunnenstraße 15, 67269 Grünstadt-Sausenheim
Telefon: 06359 84569
Mail: info@weingut-gaul.de
www.weingut-gaul.de

Dorothee Gaul

MEIN SCHATZ AM PLATZ

Blühparadies

Im Garten draußen vor dem Kubus hat unsere Mutter Rosemarie ein wunderbares Blumenrefugium geschaffen. Bis in den Herbst hinein sind ihre selbst gepflückten und arrangierten Blumensträuße Farbtupfer sowohl im Verkostungsraum als auch draußen.

▲ Keine Vinothek, sondern eine Weinbar! Egal – der wunderbare Gastraum von Georg Meier ist ein perfekter Ort für Weingenuss

Schlepper fahren

Als Kind gefiel **Georg Meier** an der Weinlese am besten das Fahren mit dem Traktor. Vielleicht entstand so seine Liebe zum Wein, die ihn zu einem der spannendsten Winzer der Pfalz hat werden lassen

Nein, Vinothek möchte er diesen Raum nicht nennen. »Wir sind eine Weinbar«, sagt Georg Meier, 36, Winzer in fünfter Generation. Er weiß, wie wichtig ein Alleinstellungsmerkmal im vielbesuchten Anbaugebiet der Pfalz ist. Deshalb hat er das in einjähriger Bauzeit liebevoll restaurierte Gewölbe im 500-Seelen-Dorf Weyher am Pfälzer Wald eben nicht Vinothek genannt, sondern so, wie es seiner Meinung nach einem Barockgebäude mit Jugendstilaufsatz geziemt: Weinbar – modern veredelt, aber eingebettet in die historische Tradition.

2019 wurde das Kellergeschoss, bestehend aus Gewölbe, einem zweiten Gastraum und einer Wohnung für sich, seine Lebensgefährtin und die drei Kinder obendrüber, eröffnet. Nicht ohne Anfangsschwierigkeiten. Denn zunächst war der Plan gescheitert, auf dem 1885 gegründeten Weingut, das Vater Helmut Meier und seine Ehefrau Barbara 2005 an den Sohn übergeben hatten, einen Anbau zu realisieren. Die Kreisverwaltung hatte ihr Veto eingelegt. Also suchte Meier junior eine Alternative in Weyher selbst, und fand »Haus Zahn«.

Die alten Sandsteingemäuer wurden aufgearbeitet, dazu viel Holz sowie moderne Materialien wie unbehandelter Stahl und Waschbeton verbaut. Ein imposanter Eichentresen, durch Pendelleuchten perfekt illuminiert und mit seiner schlichten Glattheit ein sehenswerter Kontrapunkt zu den auffällig verfugten Steinwänden, führt hin zum eigentlichen Prunkstück: dem Barockgewölbe, dessen stählerne Beleuchtungstreifen an der Decke mit den modernen Holztischen und Stühlen harmonieren. Der Estrich mit geschliffener Oberfläche wird durch eine Fußbodenheizung erwärmt. Die Böden der Sanitäranlagen schmücken keramische Ornament-Bodenfliesen.

Erstaunlich puristisch wirkt dieser geschichtsträchtige Raum ohne Menschen. Doch es fällt leicht, sich fröhliche Gäste vorzustellen, wie sie bei Flammkuchen perfekt gereifte Weine genießen, die auf Granit- und Rotliegend-Böden ausgebaut worden sind. Spezialität des Hauses sind straffe, mineralisch unterfütterte Rieslinge mit Ecken und Kanten.

»Wir kennen jeden Rebstock persönlich«, sagt Georg Meier, der auf 20 Hektar etwa 17 Rebsorten anbaut und sich als Mitglied des Forums Pfalz, einer exklusiven Winzervereinigung, dem Bewahren und Kreieren von Weinanbauqualität verschrieben hat. Dass er einmal in die Fußstapfen der Eltern treten würde, war anfangs nicht klar. Zwar half er wie alle Kinder auf Weingütern früh bei der Traubenernte mit und liebte dabei besonders das Schlepperfahren, wie die Pfälzer ihre Traktoren nennen. Doch erst, als sich niemand aus seiner Generation für das Erbe erwärmen konnte, lernte er bei den Großen seiner Zunft und galt schnell als eines der vielversprechendsten Winzertalente der Südlichen Weinstraße. Sein nächstes Ziel: »2022 wollen wir auf Ökoweinbau umgestellt haben.« Erfolg und Nachhaltigkeit können eben doch Geschwister sein.

i

Weingut Meier
Hübühl 9, 76835 Weyher
Telefon: 06323 988599
Mail: info@wein-meier.de
www.wein-meier.de

Georg Meier

MEIN SCHATZ AM PLATZ

Perfekter Wohlfühlort

Eine unserer besten Weinlagen ist der Weyherer Michelsberg, auf dessen Boden mit hohem Schieferanteil die Michelskapelle steht. Von diesem Ort blickt man über die Rheinebene, den Odenwald und den Schwarzwald. Hier ist der perfekte Wohfühlort.

DEUTSCHLANDS
WEINREGIONEN

Leuchtende Feste

Die **Weinregion Rheingau** ist nicht nur berühmt für ihre Weine, sondern auch für kultivierten Genuss und Musikfeste

Auf der Höhe von Mainz geschieht so etwas wie ein Naturwunder. Der Rhein auf seinem 1230 Kilometer langen Weg von der Schweiz nach Holland macht einen markanten Linksknick und fließt, bevor er hinter Rüdesheim und Bingen wieder nach Norden eilt, für ein kurzes Stück in Richtung Westen. Das Wunder ist, was daraus folgt: ideale Bedingungen für den Weinbau. Denn nur hier neigt sich das rechte Ufer nach Süden; nur hier verdoppelt der Strom die Sonne und speichert die Wärme. Und nur hier hält der Taunuskamm von Norden einströmende Kälte fern. Der Rhein schafft einen Südbalkon, weit offen und zugleich gut geschützt. Das ist der Rheingau.

Karl der Große persönlich, so erzählt man sich hier, soll eines Tages aus seiner Pfalz in Ingelheim über den Rhein geblickt und bemerkt haben, dass überall noch Schnee lag. Nur auf dem Johannisberg gegenüber war Frühling. Und sogleich gab der kluge Kaiser seine Anweisungen. Kann sein, dass es nur eine hübsche Geschichte ist, denn schon die Römer hatten hier Wein angebaut. Tatsache ist, dass die Mönche des Mittelalters hier den Weinbau zur Perfektion entwickelten. Und dass der fruchtige und aromatische Riesling aus dem Rheingau zu Recht weltberühmt ist.

Tatsache ist außerdem, dass zum Wein immer auch Kultur gehört, nicht nur in der Pflege der Reben und beim Ausbau im Keller, sondern auch beim kultivierten Genuss. Im Rheingau wissen sie das. Deshalb gibt es nirgendwo sonst so leuchtende Feste um den Wein, so viel Musik, so stolze Klöster und Adelssitze.

▶ Reben am Ufer des Rheins bei Rüdesheim. Die Weinstadt in der Nähe dieses Weinbergs gehört zum UNESCO-Welterbe Oberes Mittelrheintal

▲ Kunst im Keller: In der Vinothek finden neben Weinen auch Bilder, Kunsthandwerk und Glassammlungen ihren Platz

”

»Wir wollen den Fokus auf den Wein legen. Es ist schön, wenn sich Kunden miteinander über unseren Wein verbinden – und der Zufallsgast auf den Rieslingprofi trifft.«

THERESA BREUER
Winzerin

▼ Die Kellerwelt bietet zusätzlichen Platz für den Weingenuss

Kein Schnickschnack

Theresa Breuer gehört zu den Spitzenwinzern in Deutschland. Die schlichte und ehrliche Vinothek auf dem **Weingut Breuer** lädt ein, die Weine in aller Ruhe, abseits des Rüdesheimer Trubels, zu verkosten

Das Weingut Georg Breuer lässt Rieslingfans schnell ins Schwärmen geraten. Bereits in den frühen 1980er Jahren führte Bernhard Breuer das Weingut zu internationalem Renommee. Mittlerweile führt das Weingut Tochter Theresa Breuer. Ihr Riesling aus der Lage Berg Schlossberg ist heiß begehrt, Sammler freuen sich jedes Jahr über zwei Flaschen, auch wenn sie gerne viel mehr davon hätten. Dabei ist Theresa Breuer alles andere als eine Winzerin für elitäre Weinkenner. Die Bandbreite des Weinguts ist groß und auch der Basisbereich setzt jedes Jahr qualitative Akzente in der Region. Breuer ist bekannt für Weine, die eine besondere Balance und Harmonie zwischen Süße und Säure, Frucht und Mineralität zeigen.

Das Weingut liegt direkt in Rüdesheim und doch fernab des üblichen Tourismus-Trubels. Wer also lieber in Ruhe und mit Bedacht ein paar Weine probieren möchte, ist bei Breuer genau richtig. Die im Mai 2017 eröffnete Vinothek blickt auf eine lange Geschichte zurück und befindet sich direkt am historischen Standort des Weinguts. Der Raum war in vergangenen Zeiten ein Tanklager, ein Büro und auch ein Gutsausschank. Nun befindet sich hier die luftige und aufgeräumte Vinothek, schlicht und ehrlich. »Wir wollen hier den Fokus auf den Wein legen«, sagt Theresa Breuer. Möglichst wenig soll ablenken.

Die Betonstruktur wurde sichtbar und rau belassen, die Holzmöbel sind in kühlen Grautönen lasiert, Blautöne setzen dezente Akzente, hinter der modernen Ausschank-Bar ziert eine stählerne Silhouette der Rheingauer Weinbergslagen die Wand. »Wir wollen hier kein Schnickschnack und keine Märchen erzählen«, sagt Theresa Breuer. Der Raum ist offen und lädt damit auch ein, mit anderen Gästen ins Gespräch zu kommen. »Es ist schön, wenn sich Kunden miteinander über unseren Wein verbinden«, sagt Breuer. Da trifft oft der Zufallsgast auf den Rieslingprofi.

Die Wände der Vinothek sind mit ausgewählten Kunstwerken bestückt, damit erhält das Ensemble einen kleinen Ateliercharakter. Kunst spielt beim Weingut Breuer seit jeher eine wichtige Rolle. Traditionell wird das Etikett des Paraderieslings aus dem Berg Schlossberg seit 1980 von einem bekannten Künstler gestaltet. Ausgewählte Kunstwerke hängen daher in der Vinothek. Wer alle bisherigen Etiketten sehen möchte, steigt hinab in Breuers Kellerwelt. Bereits 2000 wurde der Keller ausgebaut: Auf rund 300 Quadratmetern, mit Fußbodenheizung ausgestattet, können Kunstobjekte, handwerkliche Geräte der Weinproduktion, Glassammlungen, Etiketten und Flaschen betrachtet werden. Die Tür zur Kellerwelt steht immer offen. Ein Highlight ist aber eine eigens dort gebuchte Veranstaltung oder Gruppenverkostung.

Wer derweil mit dem Glas Wein aus der Tür tritt, kann die besondere Atmosphäre eines Weinguts erleben, die Produktion ist direkt neben der Vinothek. »Im Herbst steht man da mit seinem Glas Wein, und wir pressen gerade Trauben«, sagt Breuer. »Es ist immer etwas los.«

i

Weingut Georg Breuer
Grabenstraße 8, 65385 Rüdesheim am Rhein
Telefon: 06722 1027
Mail: info@georg-breuer.com
www.georg-breuer.com

Theresa Breuer

MEIN SCHATZ AM PLATZ

Ab in die RheinWeinWelt

Nur einen kurzen Spaziergang von unserem Weingut entfernt befindet sich die RheinWeinWelt. Dort wird auf dem historischen Asbach-Gelände in ehemaligen Weinbrandfässern Wein gelagert, den die Besucher probieren können. Ein besonderes Erlebnis.

▲ Ästhetik pur: große Fenster in den Park, dezentes Holz innen und außen

▼ Ungewöhnliche Degustation auf Knopfdruck: zehn Schlucke, fünf Euro

▶ Der Baron aus den Reben: Frederik zu Knyphausen liebt es eher leger

DEUTSCHLANDS
BESTE VINOTHEKEN

Ein bisschen Großstadt-Flair

Die Vorfahren kamen aus Ostfriesland, er selbst lebte lange in Hamburg. Dann siegte der Reiz des Neuen und **Frederik Freiherr zu Knyphausen** übernahm das Weingut der Familie. Welch ein Glück!

Die Sache mit den Titeln ist ein bisschen erklärungsbedürftig. Der Mann heißt Frederik; so stellt er sich gern auch vor, denn der lockere Ton entspricht dem Publikum, dem er auf seinem Weingut begegnet: jung genug, sich noch an die Studienjahre zu erinnern, an das eine oder andere Festival, vielleicht auch die eine oder andere Demo. Inzwischen aber im Leben angekommen, reflektiert genug, Qualität von billigem Effekt zu unterscheiden. Und hinreichend erfolgreich, sich ein Leben nach eigenem Geschmack auch leisten zu können. Man erkennt einander, man duzt sich ohne falsche Scheu – dabei ist Frederik ein echter Adeliger: Freiherr zu Knyphausen, nennt sich aber im alltäglichen Umgang auch Baron. Das geht international leichter von der Zunge; im Rang sind die Titel identisch.

Frederik Baron Knyphausen also, Inhaber des gleichnamigen Weinguts in Eltville auf dem Südbalkon des Rheins. Ortkundige vergessen übrigens den Französischunterricht und sprechen das »e« am Ende des Ortsnamens mit – der Gutsherr hat eine Menge Geschichte im Gepäck. Seit 1141 existiert das Gut, gegründet von Zisterziensermönchen des nahe gelegenen Klosters Eberbach. 1727 wurde das heutige Gutshaus erbaut, seit 1818 befindet es sich im Familienbesitz derer zu Knyphausen, die, nebenbei bemerkt, aus Ostfriesland kamen. Der Riesling aus dem Rheingau hatte schon immer eine weit reichende Anziehungskraft. Goethe war da, Clemens von Brentano, die Brüder Grimm, Thomas Mann.

Der heutige Hausherr kehrte aus Hamburg zurück auf das Gut der Vorfahren. BWL-Studium, Arbeit in einer Privatbank, später in einem Unternehmen zuständig für Zukäufe und Übernahmen. Und dann, 2015: Raus aus dem blauen Anzug und hinein in die Gummistiefel! Der Betrieb wartete nur darauf, mit Schwung auf den Weg in eine neue Zeit gebracht zu werden, zu einem gereiften Verständnis von Wein, Natur und Genuss. So vieles hatte sich geändert, seit der Vater die Produktionshalle schräg gegenüber dem Gutshaus hatte bauen lassen, um den alten Bauernhof ganz auf Weinbau umzustellen.

Die Wiesbadener Architekten Florian Urbach und Alexander Falter halfen, die Flut an Ideen zu kanalisieren. Hotel, Tagungszentrum, Musikfestival, eine Küche mit Ambition – über allem aber stand die Forderung des Bauherrn, die Geschichte des Ortes würdig zu bewahren. Die Halle wurde als Vinothek neu definiert; große Fenster in den Park, dezentes Holz. Industrielampen, wie der junge Baron sie in Hamburg erlebt hatte, ein bisschen Großstadt-Flair. Er selbst nennt die Ästhetik »rough«, was aber auch mit »gemütlich« übersetzt werden darf.

Nur Schluss mit der weinseligen Betulichkeit! Der Probierwein wird ausgegeben durch einen Automaten, Einwurf fünf Euro, dafür kredenzt er zehn Schlucke. Der Gast ist mündig genug, sich sein eigenes Bild zu machen. Stellen Sie sich vor, erläutert der Baron, Sie kaufen eine Jeans, und dauernd quatscht Ihnen der Verkäufer rein. Das würden Sie auch nicht mögen.

i

Weingut Baron Knyphausen
Erbacher Straße 26-28, 65346 Eltville am Rhein
Telefon: 06123 790710
Mail: weingut@baron-knyphausen.de
www.baron-knyphausen.de

Frederik zu Knyphausen

MEIN SCHATZ AM PLATZ

Sahnestück

Der Rheinsteig ist ein Projekt für die Ferien: rund 320 Kilometer, vom Marktplatz in Bonn bis Wiesbaden. Die Etappe zwischen Lorch und Kaub ist das Sahnestück: gut 13 Kilometer, Serpentinen, Burgen und Blicke auf den Rhein, dass man einfach nur stehen bleiben möchte.

Mit Leidenschaft und offen für neue Ideen begann Simon Schreiber im Jahr 2016, seinen Traum von einer Vinothek zu verwirklichen

Neue Ideen aus Neuseeland

Die Inspiration für seine Vinothek hat **Simon Schreiber** vom anderen Ende der Welt mitgebracht. Wieder zu Hause schuf der Juniorchef einen perfekten Rahmen für seine Bioweine.

Was die Vinothek von Weingut Schreiber in Hochheim am Main mit Neuseeland zu tun hat? Wenn es um Inspiration geht, eine ganze Menge. Denn tatsächlich kam die Idee, einen außergewöhnlichen Ort für die Präsentation der eigenen Weine zu schaffen, vom Juniorchef. Gerade erst volljährig, reiste Simon Schreiber direkt nach seiner Ausbildung in den Inselstaat, um dort für ein halbes Jahr im Weintourismus zu arbeiten. »Dort ist man bereits einige Schritte weiter, und ich habe viel fotografiert, um Ideen und Gedanken zu sammeln«, sagt der 27-Jährige, der den Betrieb in elfter Generation mitgestaltet.

Das Ergebnis eines leidenschaftlichen Entstehungsprozesses lässt sich seit nunmehr drei Jahren besuchen und erleben – gerade im Sommer ist die Vinothek Herzstück diverser Veranstaltungen wie dem »Organic Wine Tastival«. Nachdem der Vater schon in den 1990er Jahren kurz mit ökologischem Weinbau geliebäugelt und Simon Schreiber sich in seiner Ausbildung weiter spezialisiert hatte, ist das Weingut seit 2018 biozertifiziert. Überdies werden mittlerweile 70 Prozent der Trauben schonend mit der Hand gelesen. Bauliche Aspekte wie die eigene Hackschnitzelheizung, Photovoltaik-Zellen und eine Regenwasserzisterne gehören zum gelebten Umweltbewusstsein dazu. Und auch beim Bau der Vinothek legte man großen Wert auf die Verwendung nachhaltiger Materialien.

Ein eindrucksvolles Beispiel sind die imposanten 22 Regalmeter an der einzigen nicht verglasten Wand des Gebäudes: Diese wurden komplett aus dem Stamm einer einzigen Eiche gefertigt. Auch sonst setzen die Schreibers auf klare Linienführung und viel helles Holz – etwa bei den formschönen und »maximal multifunktionalen« Präsentationstischen für Orts-, Lagen- und Süßwein, die auch für eines der vielen privaten Events eingesetzt werden können. Egal ob zum Tischdesign oder der aufwendigen Holzlamellendecke – Simon Schreiber kann nicht nur zu jedem Detail etwas erzählen, sondern hat tatsächlich viel mitgewerkelt bei der Umsetzung seines Traums.

Und auch wenn auf diesen fast 250 Quadratmetern natürlich die 25 Weine und vier Sorten Sekt im Fokus stehen – unbewusst schweift der Blick immer wieder ab zu dem friedlichen Rebstockpanorama draußen vor den hohen Glasfronten. »Wir haben hier schon brutal schöne Sonnenuntergänge«, sagt der Jungwinzer, der weiß, dass ein solcher Ausblick mitten im dicht besiedelten Rhein-Main-Gebiet etwas Besonderes ist.

Genauso wie das Käseangebot von Affineuren »aus der Ecke« und die handverlesene Aufschnittplatte. Oder aber die Bioburger und -bratwürste, die Schreiber bei Veranstaltungen lieber gleich selbst zubereiten lässt – dem eigenen hohen Anspruch an Qualität und Regionalität geschuldet. Die Stammkunden danken es: 70.000 Flaschen und damit 70 % der Produktion verkauft die Familie ab Hof. Und damit weitere neue Gäste den Weg zum Weingut finden, will Schreiber zum Verkosten auch Probiersets anbieten. »Wine Flights« nennt das der 27-Jährige.

i

Weingut Schreiber
Johanneshof, 65239 Hochheim am Main
Telefon: 06146 9171
Mail: info@weingut-schreiber.de
www.weingut-schreiber.de

Simon Schreiber

MEIN SCHATZ AM PLATZ

Mit dem Rad zum Wein

Nicht nur unsere Gäste freuen sich über die Nähe zu den Weinpflanzen, sondern auch Radfahrer, die auf der Regionalpark-Rundroute RheinMain an Hochheim vorbeikommen. Auf rund. 190 Kilometern verbindet diese besondere Landschaften, Historisches und Freizeitangebote.

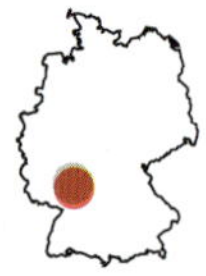

Wie in alten Zeiten

Die **Weinregion Rheinhessen** erfindet sich gerade neu. Junge Winzer setzen dabei ihre Ideen kompromisslos um

Schon einmal haben sie in der Region der Welt ein ganz neues Bild gegeben. Das war um 1450, als der Mainzer Johannes Gutenberg den Buchdruck mit beweglichen Lettern erfand. Bezeichnenderweise könnte es die Betrachtung einer Weinpresse in Eltville oder später in Straßburg gewesen sein, die den entscheidenden Anstoß dazu gegeben hatte.

Diesmal geht es um kaum weniger. Nämlich darum, die mit fast 27.000 Hektar Anbaufläche größte Weinregion Deutschlands an die Bedürfnisse von Gegenwart und Zukunft anzupassen – als Weinland der Spitzenklasse. Das ist ein ehrgeiziges Unterfangen, gerade bei der Größe, der wirtschaftlichen Bedeutung des Weinbaus und seiner langen und ruhmreichen Tradition. Schon die Römer in vorchristlicher Zeit bauten hier Wein an; der Niersteiner Glöck, belegt durch eine Urkunde aus dem Jahr 742, gilt als älteste Weinlage in Deutschland. Und bis ins 20. Jahrhundert erzielten Rieslingweine aus Rheinhessen regelmäßig Höchstpreise auf internationalen Auktionen.

Nun sind es die jungen Winzer, die ein neues Zeitalter einleiten. Viele von ihnen haben die Welt gesehen, eine ausgezeichnete Ausbildung genossen; sie haben verstanden, dass Masse nicht Klasse ist und Qualität keine Kompromisse zulässt. Jetzt übertragen sie ihre Ideen von Nachhaltigkeit und Respekt auf die vielfältigen Terroirs der Region – und siehe da: Riesling und Müller-Thurgau, Dornfelder und Spätburgunder aus Rheinhessen spielen wieder ganz oben mit. Wie in alten Zeiten.

◂ Eine Besonderheit unter den Weinbergshäuschen sind die Trulli. Die weißen Zuckerhüte, die früher als Schutzhütten dienten, stammen aus Apulien. Einer der schönsten Trulli befindet sich in Flonheim

▲ Besonders beliebt: Verkostungen am Holztisch in geselliger Runde

▼ Stefan Braunewell genießt – am liebsten ein Glas Chardonnay Réserve

▶ Neben Wein gibt es nach Champagnermethode hergestellten Sekt

Mit Mut in die Moderne

Das familiengeführte **Weingut Braunewell** blickt auf eine Geschichte bis ins 17. Jahrhundert zurück. Die Vinothek aber ist ganz neu und begeistert mit Events, Verkostungen und direktem Draht zur Familie

Viele Weingüter in Deutschland blicken auf eine reichhaltige Geschichte zurück. Beim Weingut Braunewell reicht sie sogar bis ins 17. Jahrhundert, als François Breiniville von Villepot-Loraine ins rheinhessische Essenheim zog und sich dort eine Existenz in der Landwirtschaft und im Weinbau aufbaute. Damit steht das Weingut exemplarisch für eine der dynamischsten Weinregionen Deutschlands: Weingüter, die mit der Tradition verbunden sind, aber stetig in die Zukunft schreiten. Insbesondere in Rheinhessen machen regelmäßig junge Winzer und Winzerinnen auf sich aufmerksam, die ihren elterlichen Betrieben neuen Schwung verleihen. So auch die Braunewells, die mittlerweile mit drei Generationen Hand in Hand den Betrieb führen, allen voran die jungen Brüder Christian und Stefan Braunewell. Sie wollen den Betrieb in ein neues Weinzeitalter führen. Das gelingt ihnen mit ihrem Weinportfolio und den Schaumweinen auf ganzer Linie. Dabei spielt auch Nachhaltigkeit eine wichtige Rolle, das Weingut ist Mitglied bei »Fair'n Green«. Ein Siegel für Nachhaltigkeit im Weinbau, bei der alle Bereiche, von Betriebsführung über Umweltschutz bis zu gesellschaftliches Engagement berücksichtigt werden.

Ein weiterer Schritt in der Modernisierung des Weinguts ist der Familie herausragend gelungen: die Vinothek. Ein charakterstarkes Ambiente prägt den Ort. Die Architektur ist reduziert auf das Wesentliche, um sich in die Landschaft einzufügen. Die großen Fensterfronten bieten einen Ausblick in die Weinlandschaft. Neben Glas und Beton verleihen Natursandsteinwände eine heimelige Atmosphäre. »Wir wollten einen Ort für Weinerlebnisse schaffen«, sagt Stefan Braunewell, der froh ist, dass der alte Verkaufs- und Verkostungsraum im Keller der Vergangenheit angehört.

Etliche Details laden Besucher nicht nur zum Probieren, sondern zum wirklichen Erleben der Weine ein. Direkt vor der Vinothek befindet sich der Rebsorten-Weinberg. In jeder Reihe steht eine andere Rebsorte aus dem Portfolio des Weinguts. So lassen sich direkt die Unterschiede zwischen Riesling, Chardonnay und Grauburgunder sehen, während man die Weine probiert, aber auch die Gemeinsamkeiten in Rebschnitt und Erziehungsform können erklärt werden. Der Sektkeller, in dem die Winzer nach der Champagnermethode Sekt produzieren, steht Besuchern offen. »Hier kann man selbst versuchen, wie man Sektflaschen rütteln muss, damit sich die Hefe absetzt«, sagt Braunewell.

Die Vinothek bietet die aktuellen Weine zur Verkostung an, es gibt aber auch Probiersets, um sich in Ruhe mit den verschiedenen Sekten oder Rieslingen aus unterschiedlichen Lagen zu beschäftigen. Auf der Karte finden sich auch immer ein paar Raritäten. Diese kann man zwar nicht kaufen, aber immerhin erschmecken, wie sich die Weine nach etwas Reifung im Keller entwickelt haben. »Wir sind ein handwerkliches Weingut und wollen unsere Arbeit vermitteln«, sagt Stefan Braunewell.

Weingut Braunewell
Am Römerberg 34, 55270 Essenheim
Telefon: 06136 9999100
Mail: info@weingut-braunewell.de
www.braunewell-wein.de

Stefan Braunewell

MEIN SCHATZ AM PLATZ

Great Wine Capital

Viele stellen sich Rheinhessen ländlich vor. Wir sind aber direkt an der Stadtgrenze zu Mainz, der Landeshauptstadt mit historischer Fülle. Deshalb ist Mainz auch die „Great Wine Capital", und ich empfehle, den Abend auch mal dort in einer der vielen Weinbars ausklingen zu lassen.

▲ Gastfreundschaft ist wichtig bei Familie Bretz: Victoria (r.) schätzt die »lockeren Vibes« der Vinothek, wenn Gäste – wie ihre Freundin Jana Kopf – kommen

Blühender Oleander

Im rheinhessischen Bechtolsheim überrascht **Familie Bretz** gut gelaunt mit immer neuen Ideen: Die Weine des Traditionsbetriebes genießt der Gast in der modernen Vinothek oder aber mit Toskana-Flair im Innenhof

Es gibt nur wenige Besucher, die sich nicht überrascht zeigen, nachdem sie die schmale Toreinfahrt des Weinguts Bretz durchquert haben. Wer erwartet im rheinhessischen Bechtolsheim schon einen großen Innenhof mit Palmen und blühendem Oleander, der mit ein wenig Sonne schnell schönstes Toskana-Flair verbreitet? Sofort möchte man Platz nehmen, doch einen Blick ins Innere des alten Bauerngehöftes sollte man sich nicht entgehen lassen. Die Winzerfamilie, die in diesem Jahr 300. Betriebsjubiläum feiern kann, hatte bereits vor sieben Jahren die Idee, ihre in einem ehemaligen Kuhstall beheimatete Probierstube in eine Vinothek zu verwandeln. Der frühere Nutzungszweck täuscht gewaltig – tatsächlich handelt es sich um ein schmuckes Kreuzgewölbe, das noch einmal um einen modernen Anbau erweitert wurde.

»Meine Familie war eine der ersten, die in dieser Gegend ein entsprechendes Konzept verwirklicht haben«, erzählt Victoria Bretz. Die 27-Jährige gehört zur mittlerweile zehnten Generation, die sich dem Weinbau verschrieben hat. Die studierte Önologin, die sich zusammen mit ihren Eltern und ihrem Onkel um die Bewirtschaftung von 40 Hektar in vier Gemeinden rund um den Petersberg kümmert, repräsentiert gut, wofür die Vinothek steht: anspruchsvoller Weingenuss in perfektem, aber trotzdem entspanntem Ambiente.

Im vorderen Teil mit den hohen Glasfronten dominieren vor allem Naturstein, Eichenholz und die Farbe Grün. Viele Gäste lieben die gemütlichen Separees mit den gestreiften Tapeten und im Winter den Kamin. Victoria Bretz selbst mag die modernen schwarzen Lampen mit Stuckdetails im Innern. Die alten Barriquefässer an der Rückwand zeugen von der langen Historie der Winzerfamilie. Genauso wie ausgewählte Schwarz-Weiß-Fotografien an den Wänden des alten Gebäudeteils. In dieser alten »Kuhkapelle« – früher befand sich an diesem Ort der Vorhof eines Nonnenklosters – zieht die in Rottönen bezogene Sitzbank die Blicke auf sich. Und lädt ein zu Gesprächen mit anderen Weinenthusiasten.

»Alle Räume werden ausschließlich für Weinproben genutzt. Events finden hier keine statt«, erzählt Victoria Bretz. Sie ist sich sicher, dass die Gäste nicht nur den guten Service, sondern auch den »lockeren Vibe« schätzen, während sie genießen, was besonders gut auf den kalkhaltigen Böden der Region gedeiht: Sauvignon Blanc und diverse Burgundersorten. »Durch die Szene geht gerade ein Ruck. Das Thema Wein ist hip, und Angebote wie eine Vinothek gehören einfach dazu.«

Und weil die Familie Spaß daran gefunden hat, ein wenig »Schwung in die Ecke« zu bringen, baut sie gerade noch eine Weinbar mit Blick auf den Petersberg. Dort sollen nicht nur Wein, sondern auch kleine, rheinhessische Spezialitäten geordert werden können. Ob dann auch der mannshohe, hölzerne Korkenzieher aus dem Eingangsbereich der Vinothek umziehen wird? Wer weiß. Stillstand gibt es jedenfalls nicht bei Familie Bretz.

Weingut Bretz
Langgasse 35, 55234 Bechtolsheim
Telefon: 06733 356
Mail: info@weingutbretz.de
www.weingutbretz.de

Victoria Bretz

MEIN SCHATZ AM PLATZ

Am Brünnelchen

»Mit 246 Metern ist der Petersberg kein Riese, aber immerhin eine der höchsten Erhebungen in Rheinhessen. Dort entspringt das Engelborner Brünnelchen – eine Quelle, an der ich getauft wurde. Am großen Tisch kann man den Blick über unsere Weinberge schweifen lassen.«

▲ Ort für Genießer: Sichtbar gut gelaunt präsentieren Cathrin Tronser und Lukas Weitzel 72 verschiedene Weine

»Es gibt immer mehr jüngere Winzer. Und man kann beobachten, dass Wein zunehmend das vermeintlich Elitäre verliert und der Genuss im Vordergrund steht.«

CATHRIN TRONSER
Leiterin des Ingelheimer Winzerkellers

▼ Die Metallregale für die Weine sind Sonderanfertigungen

Ingelheimer Duo

Ganz wunderbar lassen sich in der **Vinothek des Winzerkellers** Tropfen von 26 ausgewählten lokalen Betrieben genießen – fein orchestriert von Chefin Cathrin Tronser und Lukas Weitzel

Wenn Cathrin Tronser von der großzügigen steinernen Terrasse aus hinüber auf die andere Rheinseite in den hessischen Rheingau schaut, dann könnte sie fast vergessen, dass sie sich eigentlich an ihrem Arbeitsplatz befindet. Seit einem Jahr leitet die 43-Jährige die Vinothek im Ingelheimer Winzerkeller, die 2019 von der Stadt und 26 Betrieben gegründet wurde, um Weine aus Ingelheim erlebbar zu machen. Und nicht nur der Ausblick auf Rebstöcke und Landschaft, sondern auch das imposante Gebäude selbst ist etwas ganz Besonderes. 1904 eröffnet, um die ortseigene Winzergenossenschaft zu beherbergen, lag es zuletzt lange brach. Nach aufwendigen Umbauarbeiten beherbergt der Westflügel heute ein eigenes Restaurant, während im Ostflügel neben der Tourist-Information eben diese Vinothek all jene empfängt, die sich für die lokalen Winzer interessieren.

»An diesem Ort sind 25 Weingüter mit je zwei bis drei Weinen sowie eine Brennerei aus Ingelheim vertreten«, erzählt Cathrin Tronser. Vom prickelnden Secco über trockenen Spätburgunder bis hin zum süßen Kirschdessertwein – ordentlich nach Winzern geordnet, lagern rund 72 Sorten in extra angefertigten metallenen Weinregalen an den Wänden. Deren roher Sandstein harmoniert bestens mit den modernen Möbeln aus hellem und dunkel lackiertem Eichenholz. Wer in der Weinprobierkarte fündig geworden ist oder Lust auf eine Dreier- oder Sechser-Weinprobe hat, kann entweder drinnen an einem der Stehtischchen verweilen oder nimmt bei mildem Wetter an einem der Tische auf der Terrasse Platz. »Uns ist nicht wichtig, ob sich ein Gast über Stunden durch die Karte probieren mag oder bei Spundekäs und Brezeln nur eine Weinschorle genießen möchte – wir wollen ein Ort für alle weinaffinen Menschen sein«, sagt die Mainzerin, der bei ihrer Arbeit Lukas Weitzel zur Seite steht. Der 25-Jährige ist nicht nur »Ingelheimer Bub«, sondern auch bestens vernetzter Weinexperte.

Gemeinsam arbeitet das Duo engagiert an regelmäßigen Event-Formaten, um das vielfältige Angebot der Vinothek einem breiteren Publikum zugänglich zu machen. Mal kommt der Winzer persönlich, um spezielle Weine vorzustellen. Ein anderes Mal rückt die hauseigene »Samstags in der Vinothek«-Reihe Geselligkeit in den Mittelpunkt. »Es gibt immer mehr jüngere Winzer. Und man kann beobachten, dass Wein zunehmend das vermeintlich Elitäre verliert und der Genuss im Vordergrund steht.« Neben Gastraum und Terrasse steht den Besuchern auch der ansehnliche Wintergarten mit üppigen tropischen Pflanzen offen – er verbindet die beiden Gebäudeflügel miteinander. »Im Untergeschoss gibt es überdies ein Gewölbe für Veranstaltungen, und darunter einen antiken Weinkeller, in dem leere, historische Fässer mit kunstvollen Schnitzereien lagern, die an besondere Ereignisse wie die Mondlandung oder ein Hochwasser in der Region erinnern«, sagt Cathrin Tronser. Auch dieser Keller ist natürlich immer einen Besuch wert.

i

Ingelheimer Vinothek GmbH
Binger Str. 16, 55218 Ingelheim
Tel.: 06132 6599132
Mail: info@vinothek-ingelheim.com
www.vinothek-ingelheim.com

Cathrin Tronser

MEIN SCHATZ AM PLATZ

Tisch des Weines

Oberhalb der denkmalgeschützten Burgkirche und mitten in den Weinbergen steht der beliebte »Tisch des Weines«. Dort finden bestimmt 30 Menschen Platz – nicht selten eine bunte Mischung aus Einheimischen und Touristen.

▲ Spektakuläre Vinothek: Gern steht Uta Mück-Thörle auch selbst am Tresen

▼ Elegante Präsentation: Gäste wählen aus einem umfassenden Angebot

▶ Feine Nase: Seit 2006 ist Christoph Thörle mit seinem Bruder verantwortlich

DEUTSCHLANDS
BESTE VINOTHEKEN

In den Reben schweben

Das **Weingut Thörle** ist bekannt für seine Weine vom Kalksteinboden. Ein prächtiger Neubau lädt Gäste zum persönlichen Kennenlernen der Weine und der Familie ein

Im Jahr 2006 haben die Brüder Christoph und Johannes Thörle das Weingut von ihren Eltern übernommen. Erste Erfolge zeichneten sich schnell ab, in diversen Weinguides erreichten die Weine höhere Punktzahlen, und Newcomer-Preise wurden verliehen. Aus der Aufbruchsphase sind die Brüder mittlerweile herausgewachsen und gehören zum Club der herausragenden und dynamischen Weingüter Rheinhessens. Ihr Fokus liegt auf den klassischen Rebsorten Riesling und Silvaner, sowie auf den Burgundersorten. Die Weine wachsen auf kalksteinreichen Böden im nördlichen Hügelland Rheinhessens. Dieses Terroir wollen die Brüder auch in der Flasche zeigen. Die Weine sind oft intensiv im Geschmack, wirken aber dennoch frisch und voller Harmonie, und immer mit Anklängen von Salz, Mineralität und Würze. Ein typischer Ausdruck der Kalksteinböden.

Mit der neuen Vinothek wollte die Familie darüber hinaus »ein Forum schaffen für unsere Weine, einen Platz mitten in den Weinbergslagen, der sich trotzdem ins Landschaftsbild einbindet«, sagt Uta Mück-Thörle, Mutter der beiden Winzerbrüder. Die Experten sind sich einig: hervorragend gelungen. »Erhaben thront die neue Vinothek des Weinguts Thörle an der Ortsausfahrt von Saulheim auf dem Norenberg. Man hat das Gefühl, in den Reben zu schweben«, begründet die Jury die Auszeichnung.

Die Architektur fügt sich gerade durch ihre Geradlinigkeit in die Landschaft. Der langgezogene Kubus ist mit querliegenden Lerchenholzstreben verkleidet, große Fenster an der Front erhellen die Räume und haben etwas Einladendes. Spektakulär ist vor allem der Ausblick in die weite Reblandschaft Rheinhessens. Der moderne Bauhaus-Stil zeichnet sich durch gerade Linien und Strukturen aus den Materialien Glas, Beton und Holz aus. Die Innenräume der Vinothek dagegen sind gemauert aus Kalksteinen der umliegenden Weinberge. »Wir haben diese über Jahre gesammelt«, sagt Uta Mück-Thörle. Damit erinnert die Vinothek auch an die klassische Bauweise der Region und des historischen Betriebs.

In diesem Ambiente lassen sich die Weine der Familie Thörle probieren. Gäste können im vorderen Bereich des Gebäudes an Tischen Platz nehmen, Weine an der Bar verkosten oder es sich auf einer der Terrassen in schicken Loungemöbeln gemütlich machen und den Blick über die umliegenden Toplagen Schlossberg, Hölle und Probstey schweifen lassen. Weitere Highlights der Vinothek sind ein begehbarer Weinklimaschrank und Barriquekeller, in dem die edlen Weine des Betriebes reifen. Hier am Norenberg findet auch die jährliche Jahrgangsverkostung im Sommer statt, bei der die aktuellen Weine frisch vorgestellt und verkostet werden können.

Weingut Thörle
Am Norenberg 0, 55291 Saulheim
Telefon: 06732 5443
Mail: info@thoerle-wein.de
www.thoerle-wein.de

Uta Mück-Thörle

MEIN SCHATZ AM PLATZ

Fantastischer Koch

In Rheinhessen gibt es viele tolle Restaurants, die regional und mit Anspruch kochen. Einmal die regionale Küche mit unseren und anderen Weinen der Region zu genießen ist ein Highlight. Persönlich empfehlen kann ich zum Beispiel das Restaurant Mundart in Saulheim in einer Nebengasse. Ein fantastischer Koch arbeitet dort mit wertigen Produkten aus der Region in einem alten Fachwerkgehöft.

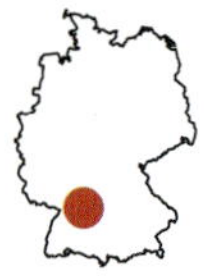

DEUTSCHLANDS
WEINREGIONEN

Sturm und Drang

Die **Weinregion Württemberg** besticht durch Neugierde und Temperament. Sogar die Weine schillern keck im Glas

Hochdeutsch können sie also nicht. Aber Rotwein können sie. Und die Gedanken fliegen lassen. Vielleicht hat Friedrich Schiller seine Landsleute mit seinem Sturm und Drang mitgerissen. Zwar ist der Schillerwein nicht nach dem großen Dichter und Dramatiker benannt. Den Rotling aus roten und weißen Trauben gibt es nur in Württemberg; er heißt ganz einfach so, weil er so keck im Glase schillert. Aber Neugier und Temperament haben sie hier, unverkennbar. Und das hat etwas mit dem Wein zu tun.

Denn die Freude der württembergischen Winzer am Experiment ist ihm anzumerken. Zwar liegen die traditionsreichen Sorten Trollinger, Lemberger und Schwarzriesling in der Gunst des Publikums weiterhin vorn, bei den Weißen der Riesling, denn Weißwein können sie auch – aber immer wieder gelingt es darüber hinaus, spannende Kreuzungen und Neuzüchtungen zu entwickeln und zu etablieren. Der Kerner erzählt eine solche Erfolgsgeschichte, ebenso der Dornfelder. Die steilen, oft sehr steilen Lagen an den Ufern des Neckars und seiner Nebenflüsse machen die Arbeit schwer, erlauben dem Wein aber, sich mit Sonne vollzutanken. Muschelkalk und Keuperböden geben ihm dazu feine und kraftvolle Aromen. Die Winzer, zumal die jungen, finden also auf mehr als 11.000 Hektar Anbaufläche beste Bedingungen, mal neue Wege zu beschreiten, etwas auszuprobieren, ihrer Inspiration zu folgen.

Nirgendwo sonst bleibt ein so hoher Anteil der Weine in der Region. Aber so sind sie, die Württemberger: Wenn etwas gut ist, trennen sie sich nur schwer davon.

◂ Immer wieder ein Erlebnis sind Wanderungen in den Weinbergen der Region; wie hier in einer Steillage bei Rosswag. Erstaunlich, wie die Winzer diese steilen Weingärten früher überhaupt anlegen konnten

▲ »Weinsicht« ist der perfekte Name für die Wein-Location am Mettinger Kelter

▼ Weine von rund 100 Weingärtnern der Genossenschaft werden angeboten

▶ Geschäftsführerin Ramona Fischer am Tresen der Vinothek in der Altstadt

Bereich
Remstal-Stuttgart

DEUTSCHLANDS
BESTE VINOTHEKEN

Tief einatmen beim Gläsle

Die Weingärtner der **Winzergenossenschaft Esslingen** haben aus einem früher eher spröden Funktionsbau ein Gebäude mit generösen Durchbrüchen und grandiosem Ausblick gemacht

Schwaben sind ein bissle anders als andere Leute. Sie sagen Fläschle oder Gläsle. Oder Kischtle, wenn sie von einem Sechserkarton des Weins sprechen, der auf den Hängen rings um Esslingen wächst – einer Stadt, die ihre zauberhaften Seiten hat, aber natürlich auch jene, in denen der Wohlstand der Region erarbeitet wird. Keine 500 Meter Luftlinie vom ganz neu definierten Haus der Winzergenossenschaft etwa dreht sich der berühmte Stern auf dem Dach des Daimlerwerks. Und was tun die stolzen Weingärtner? Bauen sich einen gläsernen Balkon vor das Dachgeschoss und genießen einen grandiosen Ausblick auf das Neckartal: auf den Stadtteil Mettingen, die sanft geschwungenen Weinberge ringsum und ja, auch auf das Industriegebiet vor ihren Füßen. Stuttgart in der Ferne. Alles gehört zusammen, und wer Wohlstand genießen will, der darf gern auch sehen, wo er herkommt.

Mehr Frische hatte sich der Esslinger Architekt Martin Gaysert vorgenommen, mehr Ehrlichkeit, mehr Sinn für das Wesentliche. Die Schätze der Umgebung erkennen und bergen: die Weitsicht, die dem Neubau auch gleich den Namen gab, die Nähe zu den Weingärten, den Ausgangspunkt der Wanderwege – vom kinderwagentauglichen Spazierweg zwischen Rebstöcken bis zum Einstieg in die Steillagen. Und der Baumeister ging beherzt zur Sache, entkernte, baute ab, setzte ein weiteres Geschoss obenauf, schuf einen geschützten Innenhof zum Beisammensitzen bei einem Fläschle und nach vorn den Balkon für die Momente zum tiefen Einatmen.

Und verlieh damit dem zuvor eher spröden Funktionsbau einen eigenen Charakter: modern und selbstbewusst, offen und attraktiv. Mit generösen Durchbrüchen und weiten Perspektiven, mit elegant geschwungenen Linien, die den Schwung der Topografie ringsum oder auch den einer liegenden Weinflasche aufnehmen, und mit neuen, raffiniert ausgeleuchteten Verkaufsräumen. Und wo Naturstein, Glas und Holz Raum für Farben lassen, da dominieren Grün und Rot. Sie stehen für die Stadt Esslingen, aber der Bezug zu den Weiß- und Rotweinen der Region muss auch nicht extra erläutert werden.

Die 100 Weingärtner der Esslinger Genossenschaft sind begeistert. Sie pflegen das Erbe vieler Generationen vor ihnen, halten die Balance zwischen Naturnähe und solidem Geschäft – und wissen deshalb, wann die Zeit reif ist, vertrocknete Triebe abzuschneiden. Tatsächlich finden heute neue Kunden ihren Weg hinauf in die Hanglage oder auch in die Vinothek in der Altstadt: junge Leute, die das Programm an Seminaren und Begegnungen wahrnehmen, die zum Abschluss einer Wanderung ein Gläsle trinken oder ihr Herz für eine moderne Küche entdeckt haben und nun den passenden Wein suchen. Und auch unter den Stammkunden, die ihr Kischtle abholen, soll keiner sich beschwert haben, dass von der urigen Biederkeit holzvertäfelter Wände und rustikaler Schnitzkunst nichts übrig geblieben ist.

i

Weingärtner Esslingen
Lerchenbergstraße 16, 73733 Esslingen
Telefon: 0711 9189620
Mail: info@weingaertner-esslingen.de
www.weingaertner-esslingen.de

Achim Jahn, Vorstand

MEIN SCHATZ AM PLATZ

Die Stufen zur Burg

310 Stäffele sind kein Pappenstiel. Aber wer die Stufen zur Burg erklommen hat, genießt nicht nur einen tollen Blick über Altstadt und Neckartal bis zur Schwäbischen Alb, sondern auch das: mitten im Weinberg und zugleich hoch darüber zu stehen.

▲ Die Vinothek Lehenstein ist ausgearbeitet wie eine Vitrine. Die Liebe zum Detail wird in dem Raum aus Holz, Glas und Beton sofort spürbar

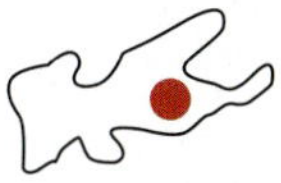

Bereich
Remstal-Stuttgart

DEUTSCHLANDS
BESTE VINOTHEKEN

Raum für Gestaltung

Eine Vinothek wie er selbst: **Marcel Idler** wollte nichts, was nicht unbedingt notwendig wäre. Und in der Architektur sollte der Charakter der Weine seine Entsprechung finden

Vor ein paar Jahren hat Marcel Idler es mit einem Tiny House versucht, einem dieser architektonischen Raumwunder, in denen auf ein paar Quadratmetern aber auch alles Platz findet. Es funktionierte, das schon, wurde sogar mit Preisen ausgezeichnet, aber es war eben wirklich sehr klein. Zu klein für einen, der seine Gäste nicht nur überzeugen, sondern zugleich auch verführen muss. Der ihnen das sinnliche Erlebnis des Weins bieten und dabei seine ganz spezielle Philosophie des Weinbaus oder allgemein des Umgangs mit der Natur begründen möchte. Es ist eine Philosophie, in der Respekt eine wesentliche Rolle spielt, Bedachtsamkeit, Zurückhaltung, Moral. Und die deshalb in der Winzigkeit eines Tiny House schon ganz gut repräsentiert war.

Macht ja nichts. Die Idee lässt sich auch in etwas größeren Räumen überzeugend umsetzen, zweigleisig, also sinnlich und argumentativ zugleich. Seit gut einem Jahr präsentiert der 33 Jahre junge Winzer aus dem idyllischen Weindorf Strümpfelbach im Remstal, gleich vor den Toren von Stuttgart, seine Weine in einem neuen Kellereigebäude mit Flaschenlager, Gärtanks und Ferienwohnung. Das Zentrum aber ist die Vinothek, luftig, offen und durch einen massiven Rahmen hervorgehoben wie eine Vitrine, in der einer seine Schätze ausbreitet. Mit Blick auf die Holzfässer im Keller und großer Glasfront nach außen, wo die Weinberge liegen.

Die Architekten des Stuttgarter Büros W67 verstanden sofort, worauf der asketisch wirkende Winzer hinauswollte: nichts, was nicht unbedingt notwendig wäre. Ganz einfach eigentlich: Der Charakter der Weine sollte seine Entsprechung in der Architektur finden. Nur keine Laubengemütlichkeit hinter Butzenscheiben! Die Baumeister brauchten nur zu übersetzen; ihre Mittel waren unbehandeltes Holz, Glas und offener Sichtbeton. Sonst nichts.

Weil Idler es beim Wein genauso hält: keine chemischen Pflanzenschutzmittel, keine Zusatzstoffe, biozertifiziert seit fünf Jahren. Ob bei so viel Strenge überhaupt Raum für Gestaltung bleibt? Da lacht der Winzer. Klar, sagt er: Wenn man immer nur weglässt, bleibt am Ende gar nichts. Und zeigt zur Bestätigung an die Decke seines Verkostungsraums. Dort verkleiden quer laufende Holzlamellen den nackten Beton. Sieht ansprechender aus und bricht den Schall, wenn viele Menschen an den Tischen sprechen, lachen, einander zuprosten. Und wieder fällt der Sprung von der Architektur zum Wein ganz leicht. Beides ist das Produkt bewusster Gestaltung. Eine Idee bildet das Fundament, eine persönliche Haltung und der Wunsch, es gut zu machen. Die Fässer für den Rotwein zum Beispiel: Konzessionen kommen nicht in Frage; der Wein braucht das beste Holz oder gar keines. Ästhetik ist eine Frage von Selbstbewusstsein und Vertrauen.

Marcel Idler drückt es bescheidener aus, aber auch ein bisschen verschmitzt: Guter Wein brauche Zeit, Herz und Hand. Aber es schade nicht, wenn schwäbischer Grips hinzukommt und ein klarer Verstand.

i

Idler Weingut
Lehenweg 21, 71384 Weinstadt-Strümpfelbach
Telefon: 07151 9947699
Mail: info@weingut-idler.de
www.weingut-idler.de

Marcel Idler

MEIN SCHATZ AM PLATZ

Sonnenromantik

Wie viel Romantik halten Sie aus? Ich empfehle den Sonnenuntergang auf dem Karlstein. Der Weg hinauf ist mit zweieinhalb Kilometern ein Klacks. Von oben dann ein grandioser Blick. Ins Gepäck gehören eine Decke, Gläser und eine gute Flasche Wein.

▲ In der Vinothek werden die Weine aus den Trauben der rund 300 Weingärtner, den »Wengertern«, präsentiert

99

»Mit dem ›Steppenwolf‹ von Hesse bin ich aufgewachsen; er hat mich geprägt: Wir sehen die Dinge hier ganzheitlich. Und ich glaube, dass in solchem Denken unsere Zukunft liegt.«

ROLF ALLMENDINGER
Vorstandsvorsitzender

▼ Die neue Vinothek zeigt Transparenz und Leichtigkeit

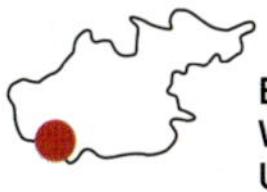

Bereich Württembergisch Unterland

Hermann Hesses Erben

Die Vinothek der **Winzergenossenschaft Lembergerland** ist ein Dokument von Aufbruch und Reise. Denn genau das war es, was vor zehn, zwölf Jahren in Rosswag begann: die Reise in eine neue Zeit

Keine Sorge! Niemand muss vierhundertundein Stäffele erklimmen – Menschen außerhalb des Lembergerlands würden »Stufen« sagen – um oben an seinen Wein zu kommen. Das tun Sportler, die sich einmal im Jahr zum Geländelauf treffen. Oder Wanderer, die unten an der neuen Vinothek in Rosswag bei Vaihingen aufbrechen, um den Tag in den Weingärten über der Enz zu verbringen. 401 Stufen vom Fluss bis zur höchsten Rebe, das entspricht gut 23 Stockwerken. Damit bietet die schlichte Zahl schon einen ersten Eindruck von der Region, in der die Lembergertrauben reifen: Es sind hohe, steile Terrassen, die sich der Sonne entgegenneigen, die steilsten der Region. Die Arbeit am Hang ist mühsam, keine Maschinen kommen zu Hilfe. Aber der Lohn ist köstlich.

Das Bild der Stufen ist es auch, das Christian Kaiser gern zitiert. Vielleicht liegt das am Einfluss des Dichters Hermann Hesse, der nicht allzu weit von hier, in Calw, geboren wurde. »Der Weltgeist will nicht fesseln uns und engen«, schreibt er in seinem berühmten Gedicht von den »Stufen«, »er will uns Stuf' um Stufe heben, weiten.« Und weiter: »Nur wer bereit zu Aufbruch ist und Reise, mag lähmender Gewöhnung sich entraffen.«

Auch Kaiser, Geschäftsführer der Weinkellerei Lembergerland, kannte den Zustand lähmender Gewöhnung, in dem das Unternehmen verharrte, bis es vor zehn, zwölf Jahren begann, Stufe um Stufe den Weg in eine neue Zeit zu gehen. Zuvor hatte es genügt, ein holzgetäfeltes Zimmerchen im Haus eines ehemaligen Raiffeisenlagers als Probierstube bereitzuhalten. Doch die Kunden wurden jünger, neugieriger, auch kundiger; sie kamen nicht mehr, um sich den Kofferraum mit 120 Flaschen vollzupacken, weil sie es immer so getan hatten – sie wollten dem Wein als Erlebnis begegnen, frisch und überraschend.

Die Weine selbst waren der Entwicklung gefolgt, hatten dem Charakter der Region und des Terroirs mehr Aufmerksamkeit gezollt, waren feiner und mitteilsamer geworden. Ein neuer Kellermeister hatte die 270 aktiven Weingärtner der Genossenschaft von strengerer Selektion und Mengenreduzierung überzeugt und dem Ertrag ihrer Arbeit im Keller den gebührenden Respekt zukommen lassen. Nun fehlte, letzte Stufe, nur noch der passende Raum, um den Wandel sichtbar zu machen.

Die Vinothek ist, ganz nach Hermann Hesse, ein Dokument von Aufbruch und Reise. Die Glasfassade nimmt eine ganze Giebelfront ein, sogar die Büroräume in der oberen Etage bestätigen Transparenz und Leichtigkeit. Thomas Bangert und Tom Krawczyk, die Architekten aus Vaihingen-Rosswag, haben einen vinophilen Raum geschaffen, offen und geradlinig in der Form, der die Freude am Wein in den Materialien ausdrückt: dem alten Eichenholz, aus dem die Barriquefässer gemacht sind, und im Stahl, der sie zusammenhält.

Im Hof bedeckt Muschelkalk den Boden. Das ist der Stein, auf dem die Reben gedeihen. Aber dazu müsste man ein paar Stufen in den Berg steigen.

Lembergerland Kellerei Rosswag
Manfred-Behr-Strasse 34, 71665 Vaihingen-Rosswag
Telefon: 07042 359600
Mail: info@lembergerland.de
www.lembergerland.de

Christian Kaiser

MEIN SCHATZ AM PLATZ

Ein Quiz im Weinberg

Wandern »do-it-yourself«. Eine kleine Hilfe: Im »Basiscamp« gibt es das Paket mit Tipps zur Route durch die Weinberge, mit Fragen, die unterwegs zu beantworten sind, und mit vier kleinen Flaschen Wein. Und dann geht's los. Unten werden die Gläser neu gefüllt.

DEUTSCHLANDS
SCHÖNSTE WEINREGIONEN

Von Schlössern, Burgen und Korkenziehern

Wandern an der Bergstraße, Bootfahren auf der Mosel oder Burgen besichtigen im Rheingau: **Deutschlands Weinregionen** haben viel zu bieten – Kunst, Kultur, Spaß und Action. Das sind die Ausflugstipps der einzelnen Gebiete

▲ Malerisches Idyll: die Sächsische Schweiz, einziger Felsennationalpark Deutschlands
▼ Wein und »Dätscher«, dafür ist Hammelburg in Franken weit bekannt
▶ Sternstunden: Experimenta Heilbronn ist das größte Science Center Deutschlands

Weinregion Ahr

DOKUMENTATIONSSTÄTTE REGIERUNGSBUNKER (1)

Im Ahrtal wird ein Geheimnis gelüftet: Der Regierungsbunker war das geheimste Bauwerk in der Geschichte der Bundesrepublik Deutschland. Von 1962 bis 1971 wurden zwei insgesamt 20 Kilometer lange Eisenbahntunnel zu einer Bunkeranlage umgebaut. Wäre der Ost-West-Konflikt eskaliert, hätte die Regierung aus Bonn dorthin flüchten sollen. 2008 wurde ein Teil der Anlage zu einem Museum umgebaut.

Ab Ostern ist der Bunker mittwochs, samstags und sonntags geöffnet. Infos und Preise: www.regbu.de

RÖMERVILLA AM SILBERBERG (2)

Es war nur eine Straßenbaustelle – und wurde zur Sensation. Beim Ausbau der B 267 im März 1980 entdeckten Bauarbeiter Überreste des Herrenhauses eines römischen Gutshofes aus dem zweiten oder dritten Jahrhundert. Die exzellent erhaltenen Mauern mit bunten Wandmalereien machten schnell klar: Dieser Fund war nördlich der Alpen einzigartig. Seit fast 30 Jahren kann dieses außergewöhnliche Baudenkmal, geschützt durch ein Museum, besichtigt werden.

Die Römervilla befindet sich am Silberberg in Bad Neuenahr. Infos zu Öffnungszeiten und Führungen: www.bad-neuenahr-ahrweiler.de

SAFFENBURG (3)

Das Material mussten die fleißigen Arbeiter beim Aufbau der Saffenburg gar nicht weit tragen. Die Steine wurden aus dem Felsen geschlagen, auf dem die Burg hoch über dem kleinen Ort Mayschoß thront. Sie stammt aus dem 11. Jahrhundert und ist damit die älteste Burgruine im Ahrtal. Wer auf Etappe fünf des Ahrsteigs einen Abstecher zur Saffenburg macht, wird mit einem herrlichen Ausblick belohnt. Die Helfer von damals hatten dafür sicher weniger Zeit.

Für Führungen ist die Burgruine an Feiertagen und Wochenenden im Mai, September und Oktober geöffnet. Infos: www.saffenburg.de

SOMMERRODELBAHN ALTENAHR (4)

Rodeln und Reiten, das erwartet die Besucher der Sommerrodelbahn Altenahr. Ein 200 Meter langer Schlepplift bringt die Fahrer mit ihrem Rodel nach oben. Dann wartet eine 550 Meter lange Abfahrt durch sieben Kurven hinunter ins Tal. Besonderes Highlight: Eine Kamera macht Fotos von der Fahrt, die Besucher hinterher im Internet herunterladen können. Und wer sicher unten angekommen ist, kann auch noch Ponyreiten oder eine Runde durch den Streichelzoo drehen.

Die Sommerrodelbahn befindet sich am Rossberg. Öffnungszeiten, Preise und Infos zur Anfahrt: www.sommerrodelbahn-altenahr.de

Zur Flutkatastrophe im Ahrtal lesen Sie bitte auch das Editorial auf Seite 3.

Weinregion Baden

KORKENZIEHERMUSEUM AM KAISERSTUHL (1)

Seit mehr als 350 Jahren werden Weinflaschen mit Korken verschlossen. Und mindestens genauso lange machen sich Menschen Gedanken darüber, wie sie diese Flaschen wieder aufbekommen. Weltweit sind etwa 3000 Korkenzieher zum Patent geworden. Bernhard Maurer fasst ihre Historie zusammen. Im ersten Korkenziehermuseum Deutschlands am Kaiserstuhl präsentiert er mehr als 1000 Exponate – rund um das Öffnen von Weinflaschen.

Das Museum in Burkheim ist von März bis Dezember mittwochs bis samstags zwischen 11 und 18 Uhr geöffnet: www.korkenzieher.de

HEIDELBERGER SCHLOSS (2)

Er war der wohl größte Weinliebhaber entlang der Bergstraße: Perkeo, Hofnarr von Kurfürst Carl Philipp Anfang des 18. Jahrhunderts auf dem Heidelberger Schloss. Das zählt heute zu den bedeutendsten Kulturdenkmälern Deutschlands. Die Architektur ist ein Aushängeschild der Renaissance. Jährlich kommen mehr als eine Million Besucher. Im Keller treffen sie auf Perkeo. Seine Holzfigur bewacht ein 200.000-Liter-Weinfass. Der Legende nach konnte er es in einem Zug leer trinken.

Das Heidelberger Schloss ist für Besichtigungen und Führungen geöffnet. Infos und Preise: www.schloss-heidelberg.de

WEINSICHT AM DASENSTEIN (3)

Die Geschichte dieses Ortes ist dunkel, die Aussicht dafür umso erhellender. Der Sage nach soll sich das Burgfräulein, vom Vater und vom Liebhaber verstoßen, an den Dasenstein zurückgezogen haben und als einsame Hexe in einer Höhle gestorben sein. Heute ist dieser Ort direkt in den Kappelrodecker Weinbergen ein beliebtes Wanderziel und wurde vom Deutschen Weininstitut 2016 zur schönsten Weinsicht gekürt. Der einzigartige Blick reicht über das Rheintal bis zum Straßburger Münster.

Der Dasenstein liegen oberhalb von Kappelrodeck. Aus dem Ort dauert die Wanderung zwei Stunden. Infos: www.deutscheweine.de

ALLERHEILIGEN WASSERFÄLLE (4)

Allerheiligen, einen treffenderen Namen kann es für ein Kloster kaum geben. Aber nicht nur die Ruinen der früheren Abtei, auch die Wasserfälle unterhalb der alten Mauern sind unter diesem Namen bekannt und eines der beliebtesten Wanderziele im Schwarzwald geworden. Zwischen Schliffkopf, Hundskopf und Schwabenkopf stürzt sich der Lierbach über sieben Kaskaden fast 90 Meter die Felsen hinab. 250 Treppenstufen führen direkt am Wasser hinauf zum Kloster.

Start und Ziel des Rundweges ist der Parkplatz Allerheiligen Wasserfälle. Die genaue Route gibt es auf: www.renchtal-tourismus.de

Weinregion Franken

FÜRSTBISCHÖFLICHE RESIDENZ WÜRZBURG (1)

Das außergewöhnliche Barockschloss ist ein historisch beeindruckendes Beispiel für die Zusammenarbeit von Künstlern aus den kulturell wichtigsten Ländern Europas – von Bildhauern und Stuckateuren aus Italien, Flandern und Bayern, von Architekten aus Österreich und Frankreich. Sie haben zwischen 1720 und 1744 dieses »einheitlichste« Barockschloss erschaffen. Das hat auch die UNESCO beeindruckt, die es 1981 als drittes Bauwerk in Deutschland zum Welterbe machte.

Von den etwa 340 Räumen können 42 ohne Führung besichtigt werden. Preise und Öffnungszeiten: www.residenz-wuerzburg.de

»TERRIOR F« IPHOFEN (2)

Gibt es Weinberge in Dänemark? Und wie viel Wein wird in China verkauft? Die Antworten erfahren Wanderer am »terrior f« in Iphofen. Das Projekt markiert magische Orte in Franken. Einer davon ist der Aussichtsturm in der Iphöfer Weinlage Julius-Echter-Berg – ein beliebtes Ziel für Wandertouren. Neben einer atemberaubenden Fernsicht gibt es dort auf Infotafeln Weinwissen aus aller Welt. Und schon weiß man, ob es Weinberge in Dänemark gibt. Die Antwort ist übrigens: Ja!

Wandern auf eigene Faust oder im Rahmen einer geführten Weintour. Wanderrouten, Infos und Anmeldung: www.iphofen.de.

WEINSTADT HAMMELBURG (3)

Auf einem Felsvorsprung hoch über Hammelburg blickt Amalberga auf die älteste Weinstadt Frankens. Aber wie ist die Statue dorthin gekommen? Darüber rätseln die Einwohner noch heute. Zu bieten hat Hammelburg einiges. Seit 777 ist die Stadt geprägt vom Wein. Der Dätscher, ein Roggengebäck, hat sie zu einem der 100 Genussorte Bayerns gemacht. Der Burgenradweg verbindet Burgen entlang der Fränkischen Saale. Und auf dem Weinlehrpfad erfahren Wanderer alles über Wein.

Kunst, Kultur und feine Weine – alle Infos zu einer Reise in die älteste Weinstadt Frankens gibt es unter: www.hammelburg.de

SKY ADVENTURE – BALLONFAHRTEN (4)

Weinberge, Flüsse, Felsen: Franken ist nicht nur eine beliebte Region für Weinliebhaber und Winzer, sondern auch für Ballonfahrer. Das weiß auch Carmen Wolfring. Vor 25 Jahren wurde ihre Firma Sky Adventure gegründet. Seitdem bietet sie Flüge über Ober-, Mittel- und Unterfranken an. Aus 500 Metern Höhe blicken die Fluggäste auf die Fränkische Schweiz, auf die Metropolen Würzburg und Nürnberg oder auf die Weinberge an der Fränkischen Saale.

Für eine Ballonfahrt sollten Gäste gut vier Stunden einplanen. Start- und Zielpunkte werden individuell festgelegt. Infos: www.skyadventure.eu

1

2

3

4

Weinregion Hessische Bergstraße

KLOSTER LORSCH (1)

Von einer Benediktinerabtei zum Welterbe. Kloster Lorsch wurde 764 gegründet und war bis zum hohen Mittelalter ein Macht-, Geistes- und Kulturzentrum. 1232 kam das Kloster zum Erzstift Mainz und wurde 1461 an die Kurpfalz verpfändet, die das Kloster 1564 aufhob. Die alten Gebäude sind geblieben – und 1991 von der UNESCO zum Welterbe ernannt worden. Königshalle, Klostergelände, Zehntscheune und Lauresham können heute besichtig werden.

Das Kloster liegt am Stadtrand von Lorsch. Infos zu Führungen, Events, Preisen und Öffnungszeiten auf: www.kloster-lorsch.de

BURGENSTEIG (2)

»Hier fängt Deutschland an, Italien zu werden«, soll Kaiser Josef II. über die Bergstraße gesagt haben, als er die Gegend auf dem Weg zu seiner Krönung in Frankfurt erkundete. Wanderer entlang dem Burgensteig sind also buchstäblich auf den Spuren des Kaisers unterwegs. Die 115 Kilometer lange Tour führt von Darmstadt nach Heidelberg – vorbei an 30 Schlössern, Burgen, Kulturstätten. Wer bei einer Pause die Aussicht genießt, wird den Kaiser verstehen.

Einzelne Etappen oder die gesamte Strecke – die Wanderroute des Burgensteig ansehen und speichern: www.bergstrasse-odenwald.de

GRUBE MESSEL (3)

Beinahe wäre Grube Messel eine Mülldeponie geworden, jetzt ist sie ein Weltnaturerbe. Als erstes deutsches Naturdenkmal wurde sie 1995 in die Liste der UNESCO aufgenommen. Und das nicht umsonst. Die 60 Meter tiefe und 800 Meter breite Grube fasst die Evolution der vergangenen 48 Millionen Jahre zusammen – an einem einzigen Ort, anhand von rund 10.000 Fossilien. Jedes Jahr kommen etwa 3000 Funde hinzu. Die Geschichte ist noch nicht vorbei.

Das Besucherzentrum „Zeit und Messel Welten" ist täglich von 10 bis 17 Uhr geöffnet. Infos zu Führungen: www.grube-messel.de

BENSHEIM UND HEPPENHEIM (4)

Zwei Städte an einem Tag? Das klingt aufwendig – ist es aber gar nicht. Die Marktplätze von Bensheim und Heppenheim liegen nur fünf Kilometer auseinander, mit dem Fahrrad dauert es von hier nach dort kaum eine Viertelstunde. In den Städten bewegen sich Besucher aber am besten zu Fuß, viele Sehenswürdigkeiten befinden sich nah beieinander. Die Altstädte sind geprägt von historischen Fachwerkhäusern. Dazu ragt in Heppenheim der Dom der Bergstraße imposant über die Dächer hinweg.

Fachwerkhäuser, Kirchen, Weinfeste: Heppenheim und Bensheim sind immer eine Reise wert. Infos: www.hessen-tourismus.de

Weinregion Mittelrhein

KOBLENZ (1)

Confluentes – das ist lateinisch für: die Zusammenfließenden, und war der ursprüngliche Name der Stadt Koblenz, mit fast 2020 Jahren eine der ältesten Städte Deutschlands. Diesen Namen hat die Stadt den beiden Flüssen Rhein und Mosel zu verdanken, die am sogenannten Deutschen Eck zusammenfließen. Einen perfekten Blick auf diesen historischen Ort genießt, wer mit der Seilbahn über den Rhein hinauf zur Festung Ehrenbreitstein fährt.

Zwischen 10 und 19 Uhr transportiert die Seilbahn ihre Gäste im Minutentakt. Tickets und Preise auf: www.seilbahn-koblenz.de

FILSENER KIRSCHENPFAD (2)

Seit die Reblaus Ende des 19. Jahrhunderts den Weinbau zerstörte, sind für die Menschen in Filsen Kirschen die Perlen des Mittelrheins. Auf dem zwei Kilometer langen Kirschenpfad finden sich mehr als 82 regionale Sorten – eine Vielfalt, die in Deutschland einmalig ist. Wer sich an den Kirschen satt gegessen hat, kann sich durch die 54 Sorten Pflaumen, Pfirsiche und Aprikosen probieren. Ein außergewöhnliches Obstangebot, mitten im Weinland Mittelrhein.

Start und Ziel befindet sich am Ortstand von Filsen. Die meisten Kirschen gibt es im Juni und Juli. Infos und Route auf: www.filsen.de

BRAUBACH (3)

Es scheint, als wäre die kleine Stadt Braubach selbst Kriegstreibern zu idyllisch. Anders ist wohl kaum zu erklären, warum die Marksburg, die hoch über Dächern thront, als einzige Höhenburg am Mittelrhein noch unzerstört ist. Auch zahlreiche Reste der mittelalterlichen Stadtbefestigung sind noch erhalten: Die Martinskapelle, Ruhestätte des Kammersängers Heinrich Schlusnus. Oder die Philippsburg mit einer der größten Burgenbibliotheken Europas.

Braubach liegt direkt am Rhein und bietet Wanderern, Radfahrern, Kulturliebhabern viele Möglichkeiten. Infos unter: www.braubach.de

LORELEY (4)

Um diesen Felsen ranken sich viele Mythen. Für das laute Echo in der Rheinkehre, so hieß es bis ins 17. Jahrhundert hinein, sollen Zwerge, Bergsteiger oder Nymphen verantwortlich sein. Später erzählte eine Ballade von der Frau, die sich am Felsen das Leben nahm und seitdem Schiffer ins Verderben stürzt. Tatsächlich gab es viele Unglücke. Das könnte aber auch an der starken Strömung liegen, mit der sich der Rhein in engen Windungen durch Hunsrück und Taunus gräbt.

Alle Infos zum Mythos und Wanderwege auf den 130 Meter hohen Gipfel des Loreley-Felsens gibt es auf: www.loreley-touristik.de

1

2

3

4

1

2

3

4

Weinregion Mosel

AMPHITHEATER TRIER (1)

Der Geruch von Angst und Schweiß ist verzogen, der durch die Kämpfe aufgewirbelte Staub hat sich gelegt – doch ein Besuch des Amphitheaters in Trier löst immer noch diese Bilder aus. Mit einer Fläche von 120 x 140 Metern gehört es zu den zehn größten noch erhaltenen römischen Amphitheatern der Welt. Auch die Tribünen sind noch zu erahnen. Bis zu 20.000 Gäste fanden dort Platz. Später wurde an den Hängen sogar eine Zeit lang Wein angebaut.

Das Amphitheater kann besichtigt werden. Es gibt auch Führungen. Infos, Öffnungszeiten und Preise: www.trier-info.de

ADVENTURE FOREST (2)

Wer aufregenden Kletterspaß erleben will, muss dafür nicht in die Alpen fahren. Ein Ausflug in den Adventure Forest nach Traben-Trarbach genügt. Mehr als 240 Kletterelemente in 18 Parcours auf einer Höhe zwischen anderthalb und 14 Metern bieten Herausforderungen für Groß und Klein. Besondere Attraktion ist der sogenannte Canopy-Trail, eine Seilrutsche mit anderthalb Kilometern Gesamtlänge – seinerzeit die erste ihrer Art in ganz Europa.

Der Kletterpark ist von Ostern bis Ende Oktober geöffnet, Tickets gibt es an der Kasse. Mehr Infos: www.adventureforest.de

BURG ELTZ (3)

Der Anblick der Burg Eltz erinnert an das weltberühmte Schloss Neuschwanstein. Verborgen in einem Seitental der Mosel ragt der imposante Bau in die Höhe – auf einem 70 Meter hohen Felsen, auf drei Seiten umflossen vom Elzbach und umgeben von Natur. Der Innenhof vereint 500 Jahre Baugeschichte, die Rüst- und Schatzkammer gilt als eine der bedeutendsten in Europa. Und die größte Besonderheit: Seit mehr als 800 Jahren ist die Burg in Familienbesitz, Graf und Gräfin dort zu Hause.

Burg Eltz ist täglich von 9.30 bis 17.30 Uhr für Besichtigungen und Führungen geöffnet. Infos und Preise gibt es auf: www.burg-eltz.de

SCHIFFFAHRT (4)

Die Mosel ist eine der wichtigsten Schifffahrtsstraßen in Deutschland und zählt zu den am meisten befahrenen Wasserstraßen Europas. Neben den vielen Handelsschiffen ist aber auch genug Platz für Ausflugsdampfer – zum Beispiel für die der Gebrüder Kolb. Von der Porta Nigra in Trier ans Deutsche Eck nach Koblenz fahren sie ihre Gäste durch imposante Schleusen vorbei an den Weinbergen der Region. Schöne Aussichten sind an Bord der Schiffe garantiert.

Trier, Bernkastel, Cochem – oder die ganze Mosel: Die Kolb-Schiffe sind von Trier bis Koblenz unterwegs: www.moselrundfahrten.de

Weinregion Nahe

EDELSTEINLAND (1)

In Idar-Oberstein wird ein ganz besonderer Schatz zu Tage gefördert: Edelsteine. Schon im 17. Jahrhundert siedelten sich erste Goldschmiede an, angelockt vom hohen Vorkommen der Gesteine Achat und Jaspis. Heute wird der Ort in Rheinland-Pfalz als Welthauptstadt der Farbedelsteine bezeichnet. Im EdelSteinLand erfahren Besucher alles über die wertvollen Schätze – vom Abbau unter Tage, über das Schleifen in der Werkstatt bis zum Verkauf beim Juwelier.

Die Edelsteinbörse, Schleifereien, Bergwerke, Museen und ein Forschungsinstitut – alle Ausflugsziele auf: www.edelsteinland.de

KIRNER DOLOMITEN (2)

Ein Hauch von Südtirol – mitten in Rheinland Pfalz: Nicht von ungefähr werden die Gipfel der Oberhauser Felsen auch Kirner Dolomiten genannt. Bis zu 400 Meter hoch thronen die Berge aus festem Quarzit über dem Hahnenbachtal. An Oberhäuserwand, Oberhäusergrat, Jungfrau und Kallenfels Wand, an Wehlenfelsen und Schwarzer Wand sind teils knifflige Passagen zu meistern, die den Wänden im Norden Italiens in nichts nachstehen. Aber es gibt auch feste Wege – und sogar ein Gipfelkreuz.

Die Kirner Dolomiten befinden sich nördlich von Kirn, zwischen Oberhausen und Kallenfells. Infos zu den Touren auf: www.kirn.de

PACKRAFTING (3)

Wandern oder Schlauchbootfahren? Beim Packrafting ist beides möglich. Die ultraleichten Schlauchboote wiegen gerade einmal anderthalb bis fünf Kilo und können bequem auf dem Rücken getragen werden. Wie das funktioniert und wie man auf dem Wasser eine gute Figur macht, weiß das Team von Land Water Adventures. Auf der Nahe bieten sie Einsteigerkurse und Tagesausflüge an. Für etwas längere Ausflüge sind Touren in den Hunsrück möglich.

Start und Ziel der Tagestouren ist der Campingplatz Nahe-Alsenz-Eck. Alle Infos und weitere Angebote auf: www.land-water-adventures.de

RENTIERALM (4)

Für viele sind Rentiere reine Märchengestalten. Sie leben am Nordpol, ziehen den Schlitten vom Weihnachtsmann – so gehen die Erzählungen. Im Nahetal wird dieses Märchen Realität. Auf der Rentieralm von Sonja Persch-Jost gibt es Rentiere zum Anfassen, zum Streicheln, zum Erleben. Besucher können sich auf fast zwei Dutzend große und kleine Tiere freuen – oder auf eine Wanderung durch die Weinberge. Und ab zu schaut sogar der Weihnachtsmann vorbei.

Die Rentieralm in Niederhausen ist jederzeit geöffnet. Wanderungen können auf der Website gebucht werden: www.rentieralm.de

1

2

3

4

1

2

4

Weinregion Pfalz

SÜDPFALZ DRAISINE (1)

Früher wurden sie für Streckenkontrollen gebraucht, heute sind sie ein beliebter Freizeitspaß: Draisinen. Eine besonders nachgefragte Attraktion ist die Südpfalz-Draisine. Sie fährt auf der Strecke zwischen Bornheim und Lingenfeld. Wer die gesamte Distanz zurücklegt, ist 26 Kilometer weit unterwegs. Vormittags in die eine, nachmittags in die andere Richtung. Es gibt insgesamt sechs Haltepunkte, um die Draisine zu parken und die Gegend zu erkunden.

Start und Ziel ist der Bahnhof Bornheim. Die Draisine wird für einen Tag gemietet. Infos, Preise, Buchung: www.suedpfalz-draisine.de

KELTERPLATZ EDENKOBEN (2)

Wie wurde vor 250 Jahren Wein hergestellt? Dieser Frage können Weinliebhaber auf dem Weinlehrpfad Edenkoben nachgehen, einem der ältesten seiner Art in der Pfalz. Auf einem dreieinhalb Kilometer langen Rundweg westlich des staatlich anerkannten Luftkurortes gibt es neben Informationstafeln auch historische Geräte aus verschiedenen Epochen zu sehen – etwa eine barocke Holzkelter aus dem Jahr 1750 auf dem Kelterplatz in Edenkoben.

Start und Ziel ist der Kreisel Weinstraße/Villastraße in Edenkoben. Es gibt Führungen mit Weinproben. Infos: www.edenkoben.de

BAD DÜRKHEIMER RIESENFASS (3)

Romantisches Abendessen in einem Weinfass? Das klingt skurril, ist in Bad Dürkheim aber tatsächlich möglich. Dort steht das größte Weinfass der Welt – und beheimatet ein Restaurant. Der Pfälzer Winzer Fritz Keller hat es 1934 gebaut und dafür mehr als 200 Kubikmeter Holz verarbeitet. Das Fass ist 13,5 Meter hoch, und wenn es gefüllt wäre, könnte es 1,7 Millionen Liter Wein fassen. Es ist das vielleicht größte und originellste Denkmal des deutschen Weinbaus.

Das Riesenfass steht an der B37 zwischen Mannheim und Kaiserslautern. Infos und Reservierung: www.duerkheimer-fass.de

KUCKUCKSBÄHNEL (4)

Eine alte Dampflok, dahinter historische Wagen: Die Fahrt mit dem Kuckucksbähnel ist eine echte Zeitreise. Der Museumszug startet im Hauptbahnhof Neustadt an der Weinstraße und fährt durch das romantische Elmsteiner Tal bis nach Elmstein und wieder zurück. Wer in Neustadt noch etwas Zeit übrig hat, erfährt im Eisenbahnmuseum alles über die Geschichte der historischen Dampflok, stilgerecht im sogenannten Lokschuppen. Das alles passt prima zu der kleinen Zeitreise.

Das Kuckucksbähnel fährt von Mai bis Oktober, das Museum ist von März bis Weihnachten geöffnet: www.eisenbahnmuseum-neustadt.de

Weinregion Rheingau

SEILBAHN RÜDESHEIM (1)

Über den Reben schweben: Dieses Abenteuer erleben Weinliebhaber im Rheingau. Auf der sogenannten Ring-Tour lernen sie die Region aus drei Perspektiven kennen: Mit dem Schiff geht es von Assmannshausen nach Rüdesheim, mit der Seilbahn zum Niederwalddenkmal und auf der anderen Seite mit dem ältesten Sessellift Hessens wieder hinunter zum Ausgangsort. Wer Probleme mit der Höhe hat, nimmt für die Fahrt zum Denkmal einfach den Winzerexpress, der in der Rüdesheimer Altstadt startet.

Tickets für Schiff- und Seilbahnfahrten sowie Infos zu den Betriebszeiten gibt es auf der Website: www.ruedesheim.de

SIEGFRIEDS MECHANISCHES MUSIKKABINETT (2)

Im Zentrum von Rüdesheim spielt die Musik – im wahrsten Sinn des Wortes. Hier präsentiert Jens Wendel Siegfrieds Mechanisches Musikkabinett. Das Museum, das sein Vater Siegfried 1969 gegründet hat, ist das erste Museum für mechanische Musikinstrumente in Deutschland. Mehr als 350 selbstspielende Instrumente aus drei Jahrhunderten sind dort ausgestellt, es ist damit eine der größten Sammlungen dieser Art weltweit. Gute Unterhaltung ist garantiert.

Ein Rundgang dauert etwa 45 Minuten, Führungen gibt es in neun Sprachen. Infos und Preise: www.siegfrieds-musikkabinett.de

SCHLOSS JOHANNISBERG (3)

Seit dem Jahre 817 und damit so lange wie nirgendwo sonst auf der Welt wird auf Schloss Johannisberg Wein angebaut. Es ist ein Ort mit Geschichte. 1100 wurde das Benediktinerkloster gegründet, 1716 das Schloss gebaut. Dabei ist der gute Geschmack der Johannisberg-Weine einem Zufall zu verdanken: Weil sich der Kurier 1775 mit der Erlaubnis, die Lese zu beginnen, verspätete, entdeckte man die hohe Qualität der Spätlese. Heute ist sie weltberühmt.

Das Schloss liegt oberhalb des Rheins, über den Dächern von Geisenheim. Infos und Angebote: www.schloss-johannisberg.de

KLOSTER EBERBACH (4)

»Ora et labora« – »bete und arbeite«, das war das Motto der zwölf Mönche und ihres Abts, die 1136 in Eberbach eine neue Klostergemeinschaft gründeten. Der Weinbau machte die Abtei zu einem florierenden Wirtschaftsbetrieb und steht heute im Fokus. Seit 1998 organisiert die Stiftung Kloster Eberbach Weinproben, Führungen und Konzerte, 1986 wurde hier der Film »Der Name der Rose« gedreht. Nur gebetet wird hier nicht mehr, seit der Säkularisation 1803.

Das Kloster ist ganzjährig für Besichtigungen geöffnet, die Öffnungszeiten variieren je nach Saison. Infos: www.kloster-eberbach.de

Weinregion Rheinhessen

MAINZER DOM (1)

Der Mainzer Dom hat ein berühmtes Vorbild: Die Basilika St. Peter in Rom. In ihrem Stil ließ Erzbischof Willigis die Kirche im zehnten Jahrhundert errichten. Sie ist der nach dem Dom zu Speyer älteste monumentale Gewölbebau Deutschlands. Aber das Mainzer Wahrzeichen hat nicht nur sieben Königskrönungen überstanden, sondern auch sieben Brände. Deshalb ist die Architektur durch viele Umbauten geprägt. Ähnlichkeiten zum Vatikanbau hat sie aber noch immer.

Außerhalb der Gottesdienste sind Besichtigungen die ganze Woche möglich. Genaue Infos über Öffnungszeiten: www.bistummainz.de

KULTURWEG PETERSBERG (2)

Der Höhepunkt befindet sich auf dem Gipfel. Über sieben Kilometer führt der Kulturweg Petersberg Wanderer auf 246 Meter – und damit auf eine der höchsten Höhen Rheinhessens. Unterwegs bieten sich immer wieder faszinierende Blicke über die Weinberge. Und oben liegt die Ruine der Kirche St. Peter, die im 10. Jahrhundert erbaut wurde und gerade restauriert wird. Sie ist deshalb so besonders, weil man ihre Krypta-Architektur sonst nur in Mittelitalien findet.

Startort ist der Parkplatz an der Petersberghalle in Gau-Odernheim. Infos zu Route und Geschichte: www.kulturweg-petersberg.de

ALZEYER SCHLOSS (3)

Die Suche nach dem Schatz der Nibelungen führt auf den Rossmarkt von Alzey. Auf dem Grund des Brunnens soll er versenkt sein. Doch nicht nur deshalb gilt Alzey als heimliche Hauptstadt Rheinhessens. Da ist das imposante Schloss, frühestens im Jahre 1125 erbaut; genau weiß das niemand. Es war unter anderem Sitz von Pfalzgraf Ruprecht, dem I., dem II. und dem III. Das 1906 gegründete Stadtmuseum berichtet über all das – sowie über weitere 30 Millionen Jahre Zeitgeschichte.

Das Stadtmuseum ist täglich geöffnet, der Eintritt ist frei. Infos über diese und noch mehr Sehenswürdigkeiten in Alzey auf: www.alzey.de

HIWWELTOUR HEIDEBLICK (4)

Heideidylle mitten in Rheinhessen: Die Hiwweltour Heideblick führt Wanderer rund um Siefersheim nach Neu-Bamberg, durch Weinberge und Naturschutzgebiete, und bietet immer wieder atemberaubende Ausblicke mitten hinein in grandiose Heidelandschaften. Aber auch kulturelle Highlights hält die zehn Kilometer lange Strecke bereit; etwa den Ajaxturm oder die Burgruine von Neu-Bamberg. Zur Belohnung gibt es ein leckeres Glas Wein auf einem der vielen bewirteten Weinrastplätzen.

Die Hiwweltour Heideblick ist nur eine von vielen Hiwwelrouten in Rheinhessen. Diese und alle weiteren Touren: www.rheinhessen.de

Weinregion Saale-Unstrut

ARCHE NEBRA (1)

Ob sie sich den Wert ihres Fundes bewusst waren? 1999 haben zwei grabende Spitzbuben auf dem Mittelberg in der Nähe von Nebra eine Himmelsscheibe ausgegraben. Heute ist klar: Vor mehr als 3600 Jahren geschmiedet, ist sie die älteste konkrete Darstellung des Kosmos auf der Welt. Seit 2007 steht am Fundort ein 30 Meter hoher Aussichtsturm. Die Astronomie der Himmelsscheibe wird im Planetarium am Fuße des Mittelberges präsentiert. Und die Räuber? Die verkauften damals ihren Fund.

Die Arche Nebra ist von März bis Oktober täglich von 10 bis 18 Uhr geöffnet. Infos und Wintersaison: www.himmelsscheibe-erleben.de

GEISELTALSEE (2)

Mehr als 300 Jahre lang wurde im Geiseltal Bergbau betrieben, danach entstand dort der größte künstliche See Deutschlands. Ein 28 Kilometer langer Rundweg bietet das ideale Terrain für Wanderungen oder eine Fahrradtour – mit Stopp am Weinberg. Denn dank eigens entwickelter Technik, wissenschaftlicher Hilfe und mutiger Winzer gedeihen am Südhang kräftige Reben. 2008 gab es dafür den Zukunftspreis für den innovativsten Weinberg.

Der Geiseltalsee liegt im Saalekreis, östlich von Mücheln. Infos zur Region, zu Events und zum See gibt es auf: www.geiseltalsee.de

ROTKÄPPCHEN SEKTKELLEREI (3)

Seit 1856 wird in Freyburg Sektgeschichte geschrieben. Mit viel Erfahrung und Liebe werden in der Rotkäppchen Kellerei Sekte und Weine kreiert. Besonderes Merkmal, natürlich: die roten Käppchen auf den Flaschen. Die Kellerei selber ist ein beliebtes Ziel für Genießer, die Führungen vor Ort ein unterhaltsames Erlebnis. Ein echter Hingucker ist das größte Cuvéefass Deutschlands. Es wurde 1896 aus 25 Eichen gebaut und fasst 120.000 Liter.

Kellerbesichtigung, Führung, Sektverkostung – alle Infos, Preise und Öffnungszeiten stehen auf www.rotkaeppchen.de

NAUMBURGER DOM (4)

Geht es nach Umberto Eco, treffen Besucher im Naumburger Dom auf die schönste Frau des Mittelalters. Der italienische Schriftsteller meint Uta von Ballenstedt, eine Figur aus Stein, die ein unbekannter Bildhauer im Jahr 1240 geschaffen hat. Die Geschichte der Kirche reicht noch weiter zurück – und ist fast 1000 Jahre alt. Sie gilt als eines der bedeutendsten Kulturdenkmäler des Hochmittelalters. Und offenbar war auch die UNESCO begeistert: Seit 2018 ist der Dom eine Welterbestätte.

Im Naumburger Dom werden Rundgänge und Führungen angeboten. Infos, Öffnungszeiten, Termine, Preise: www.naumburger-dom.de

1

2

3

4

Weinregion Sachsen

SÄCHSISCHER WEINWANDERWEG (1)

Auf jeder Etappe ein guter Tropfen: Der Sächsische Weinwanderweg führt Wanderer von Pirna nach Dresden, einmal quer durch die Weinregion Sachsen. Unterwegs warten zahlreiche Villen und traumhafte Schlösser. Auch ein Abstecher in die Dresdner Altstadt mit Zwinger, Frauenkirche und Semperoper lohnt sich. Wer nicht so gut zu Fuß ist, nimmt das Rad, teilt sich den Weg in kleinere Etappen auf oder sucht sich – je nach persönlichem Geschmack – das schönste Teilstück heraus.

Infos zur Route, einzelnen Etappen, Weingütern und besonderen Ausflugszielen entlang der Strecke: www.weinwandern-sachsen.de

PORZELLANMANUFAKTUR MEISSEN (2)

In Zeiten, in denen normalerweise noch von Holztellern gegessen und aus Zinnbechern getrunken wurde, galt Porzellan als weißes Gold. Als Johann Friedrich Böttger aus der kleinen Stadt Meißen hinter die Rezeptur der Feinkeramik kam, war die Aufregung groß. Er gründete zu Beginn des 18. Jahrhunderts die Staatliche Porzellan-Manufaktur. Heute ist das kleine Meißen in der ganzen Welt bekannt für sein weißes Gold mit dem Markenzeichen der blauen Schwerter.

Die Schauwerkstatt befindet sich im Haus Meißen, das ganzjährig geöffnet ist. Alle Infos dazu auf: www.erlebniswelt-meissen.com

SÄCHSISCHE SCHWEIZ (3)

Die Sächsische Schweiz macht ihrem Namen alle Ehre. Es gibt dort zwar nicht so viele und nicht so hohe Berge wie in der Alpennation. Aber mit 1100 Felsen hat das Elbsandsteingebirge tatsächlich auch Bergsteigern viel zu bieten. Wanderer kommen ebenfalls auf ihre Kosten, etwa auf dem Malerweg, der die schönsten Orte der Region verbindet. Am Fuß der Felsen fließt die Elbe, Heimatgewässer der größten und ältesten Raddampferflotte der Welt. Das gibt es noch nicht einmal in der Schweiz.

Einen Überblick über Wanderstrecken, Radwege, Veranstaltungen und vieles mehr auf: www.saechsische-schweiz.de

KARL MAY MUSEUM (4)

Bescheidenheit scheint für Karl May ein Fremdwort gewesen zu sein. Die goldenen Lettern »Villa Shatterhand« ließ er persönlich an der Fassade seines Wohnhauses in Radebeul anbringen. Jeder sollte sehen: Hier wohnt der berühmte Schriftsteller und Weltreisende Dr. Karl May. Heute ist dieses Haus ein Museum. Die Dauerausstellung »Karl May – Leben und Werk« gibt Einblicke in die Welt des Abenteurers. Von Bescheidenheit ist dort keine Spur.

Das Karl-May-Museum ist das ganze Jahr geöffnet, die Öffnungszeiten variieren je nach Saison. Infos auf: www.karl-may-museum.de

Weinregion Württemberg

EXPERIMENTA HEILBRONN (1)

Museum, Theater, Forschungseinrichtung – Erlebniswelt: Das Experimenta in Heilbronn ist alles das in einem. Mit einer Fläche von 25.000 Quadratmetern und rund 275 Stationen zum Entdecken, Erleben, Erforschen ist Experimenta das größte Science Center Deutschlands. In vier Kreativstudios und neun Laboren gibt es Wissenschaft zum Anfassen. Im Science Dome, einer Kombination aus Planetarium und Theater, reisen die Besucher durch ferne Galaxien.

Die Öffnungszeiten und Preise variieren je nach Ausstellung und Location. Alle Infos und Tickets auf: www.experimenta.science

1

TERRASSENWEINBERGE (2)

Die Idee stammt vermutlich aus dem zweiten Jahrhundert – von den alten Römern: Weinbau in Steilhängen, abgestützt durch Terrassen. Diese sogenannten Terrassenweinberge sind heute ein Stück Weinkultur, zu erleben vor allem im Landkreis Ludwigsburg. Die Hälfte der rund 800 Hektar Terrassenweinberge Baden-Württembergs liegt dort. Sie sehen nicht nur imposant aus, sondern sind auch beliebtes Wanderziel. Höhenmeter sind garantiert.

Zahlreiche Wanderrouten entlang den württembergischen Terrassenweinbergen gibt es auf: www.heilbronnerland.de

2

BURGENSTRASSE (3)

Sie ist eine der ältesten Ferienstraßen Deutschlands: die Burgenstraße. Auf insgesamt 780 Kilometern von Mannheim bis nach Bayreuth verbindet sie rund 60 Burgen und Schlösser zu einer eindrucksvollen Tour – egal ob mit dem Auto, dem Fahrrad oder zu Fuß. Die dritte Tour führt auf 115 Kilometern von Heilbronn bis Rothenburg ob der Tauber, durch die Weinregion Württemberg und vorbei an sechs Burgen und Schlössern. Eins davon: Kloster Großcomburg.

Die komplette Strecke, aufgeteilt in sechs Etappen, sowie Touren und Tipps rund um die Burgenstraße auf: www.burgenstrasse.de

3

NECKAR-KÄPT'N (4)

Mit der Wahrheit nahm es Mark Twain nicht immer so genau. Über den Neckar schrieb der amerikanische Schriftsteller in sein Reisetagebuch, er sei so schmal, dass man einen Hund hinüberwerfen könne. Tatsächlich war der Fluss im 19. Jahrhundert noch nicht schiffbar. Heute steuert der Neckar-Käpt'n über die württembergische Wasserstraße. Vorbei an steilen Weinbergen im Stuttgarter Umland veranstaltet er Flussfahrten für Groß und Klein. Hunde sind auch erlaubt.

Linien- und Erlebnisfahrten, Charter und Events – alle Infos, Preise und Abfahrtszeiten unter: neckar-kaeptn.de

4

MERIAN

ERSCHEINT IM

JAHRESZEITEN VERLAG

EIN UNTERNEHMEN DER **GANSKE VERLAGSGRUPPE**

Chefredakteur Hansjörg Falz
Stellvertretende Chefredakteurin Kathrin Sander
Art Direction Isa Johannsen
Chefin vom Dienst Jasmin Wolf
Redaktion Tinka Dippel, Kalle Harberg, Jonas Morgenthaler, Stefanie Plarre, Inka Schmeling; Ricarda Müterthies (Praktikantin)
Bildredaktion Violetta Bismor, Tanja Foley, Katharina Oesten (Leitung)
Layout Inke Cron, Lena Glauche (stellv. AD, in Elternzeit), Tanja Schmidt
Redaktionsmanagement Bodo Drazba (Ltg.)
www.merian.de Jasmin Deiter
Assistenz der Chefredaktion Lina Malin Lilischkis
Umsetzung dieser Ausgabe AEMEDIA; Redaktionsleitung: Andreas Eckhoff
Autoren und Mitarbeit Patrick Bauer, Stephan Kuhlmann (Grafik), Alexandra Maschewski, Dr. Sigrid Schambach, Alexander Siebert, Achim Schneider, Dr. Martin Tschechne
Verantwortlich für den red. Inhalt Hansjörg Falz

Geschäftsführung Thomas Ganske, Sebastian Ganske, Heiko Gregor (CEO), Peter Rensmann
Brand Owner/Verlagsleitung Oliver Voß
Head of Editorial Operations Bartosz Plaksa
Gesamtvertriebsleitung Jörg-Michael Westerkamp (Zeitschriftenhandel), Thomas Voigtländer (Buchhandel)
Abovertriebsleitung Christa Balcke
Leitung Leserreisen Oliver Voß
Head of Sales Helma Spieker (verantwortlich für Anzeigen), Tel. 040 2717-0
Senior Brand Manager Henning Meyer, Tel. 040 2717-2496
Anzeigenstruktur Corinna Plambeck-Rose, Tel. 040 2717-2237
Marketing Consultant Alexander Grzegorzewski
Ihre Ansprechpartner vor Ort:
Region Nord Jörg Slama, Tel. +49 40 22859 2992, joerg.slama@jalag.de
Region West/Mitte Michael Thiemann, Tel. +49 40 22859 2996, michael.thiemann@jalag.de
Region Südwest Marco Janssen, Tel. +49 40 22859 2997, marco.janssen@jalag.de
Region Süd Andrea Tappert, Tel. +49 40 22859 2998, andrea.tappert@jalag.de
Repräsentanzen Ausland:
Belgien/Niederlande/Luxemburg Mediawire International, Tel. +31 651 480108, info@mediawire.nl
Frankreich/Monaco Media Embassy International, Tel. +33(0)603920915, info@media-embassy.fr
Großbritannien/Irland Mercury Publicity Ltd., Tel. +447798665395, stefanie@mercury-publicity.com
Italien Media & Service Inter national Srl, Tel. +390248006193, info@it-mediaservice.com
Österreich Michael Thiemann, Tel. +494022859 2996, michael.thiemann@jalag.de
Schweiz/Liechtenstein Goldbach Publishing AG, Tel. +41(0)764688313, eva.favre@goldbach.com
Skandinavien International Media Sales, Tel. +4755925192, fgisdahl@mediasales.no
Spanien/Portugal The International Media House, Tel. +34 91 7023484, administracion@theinternationalmediahouse.com

Die Premium Magazin Gruppe im Jahreszeiten Verlag
Gültige Anzeigenpreisliste: Nr. 10
MERIAN Extra 01/2021 – Weingenuss in Deutschland. Erstverkaufstag dieser Ausgabe ist der 30.09.2021
MERIAN erscheint monatlich im Jahreszeiten Verlag GmbH, Harvestehuder Weg 42, 20149 Hamburg, Tel. 040 2717-0
Redaktion Tel. 040 2717-2600, E-Mail: redaktion@merian.de **Internet** www.merian.de
Abonnementvertrieb und Abonnentenbetreuung DPV Deutscher Pressevertrieb GmbH
Tel. 040 2103-1371, Fax -1372,www.dpv.de, E-Mail: leserservice-jalag@dpv.de
Vertrieb DPV Vertriebsservice GmbH, www.dpv-vertriebsservice.de
Litho K+R Medien GmbH, Darmstadt
Druck und Verarbeitung Walstead Kraków Sp. z o.o., Obrońców Modlina 11, 30-733 Krakau, Polen

Jahresabonnementspreis im Inland 99 €, für Studenten 49,50 € (inklusive Zustellung frei Haus). Der Bezugspreis enthält 7 % Mehrwertsteuer. Auslandspreise auf Nachfrage. Führen in Lesemappen nur mit Genehmigung des Verlages. Printed in Germany
ISBN 978-3-8342-3311-0, ISSN 0026-0029, MERIAN (USPS No. 011-458) is published monthly by JAHRESZEITEN VERLAG GMBH.

Weitere Titel der JAHRESZEITEN VERLAG GmbH: A&W ARCHITEKTUR & WOHNEN, CLEVER LEBEN, COUNTRY, DER FEINSCHMECKER, FOODIE, HOLIDAY, LAFER, MERIAN SCOUT, POLETTO, PRINZ, ROBB REPORT, SCHÖNER REISEN, WEIN GOURMET

Bildnachweis
Anordnung im Layout:
o = oben, u = unten,
r = rechts, l = links, m = Mitte

Titel und Vinothekenbilder: Volker Renner, S.4 Karte DWI, S.5ro TMGS Tourismus Marketing Gesellschaft Sachsen mbH/Sebastian Rose, S.6-7 Volker Renner, S.8mo Weingut Abril, S. 9lu Weingut Abril, S.12-13 FrankenTourismus/FWL/Hub, S.17ru Weingut am Stein, S.26-27 DWI, S.32-33 DWI, S.39ru Weingut Kühner-Adams Vinothek, S.44-45 DWI, S. 48-49 DWI, S.51ru Weingut Dr. Bürklin-Wolf, S.58-59 Rüdesheim Tourist AG/Karlheinz Walter, S.66-67 DWI, S.75ru Weingut Thörle, S.76-77 Volker Renner, S.78lo Weingärtner Esslingen, S.84mo Frank Richter, S.84lu Florian Trykowski, S.84ru experimenta gGmbH, S.85 (1) Dan Mausolf/RPT, S.85 (2-4) Dominik Ketz/RPT, S.86 (1) Korkenziehermuseum am Kaiserstuhl, S.86 (2) Jan Becke, S.86 (3) Winzerkeller Hex von Dasenstein, S.86 (4) Renchtal Tourismus GmbH/Stefan Krämer, S.87 (1) FrankenTourismus/FWL/Hub, S.87 (2) Michael Koch, S.87 (3) Julian Leurer, S.87 (4) Sky Adventure, S.88 (1) Thomas Fischer, S.88 (2) Brigitte Zimmermann-Petrullat, S.88 (3) Archiv der Welterbe Grube Messel gGmbH, S.88 (4) Wikipedia CC BY-SA 3.0/ludiger, S.89 (1) Romantischer Rhein Tourismus Gmbh/Dominik Ketz, S.89 (2) Zweckverband Welterbe Oberes Mittelrhein/Katja S. Verhoeven, S.89 (3+4) Romantischer Rhein Tourismus Gmbh/Henry Tornow, S.90 (1) Trier Toruismus und Marketing GmbH/Hewlett-Packard, S.90 (2) Move up – Adrenalin in nature Gmbh & Co.KG, S.90 (3) Dominik Ketz/RPT, S.90 (4) mosel.de, S.91 (1) Naheland-Touristik GmbH/Timo Volz, Naheland-Touristik GmbH/Moritz Attenberger S.91 (2), S.91 (3) land water adventrues, S.91 (4) Rentieralm, S.92 (1) Südpfalzdraisine, S.92 (2) Südliche Weinstraße Edenkoben e.V./Thomas Kujat, S.92 (3) Restaurant Dürkheimer Fass/Carsten Thüne, S.92 (4) Christian Schädler, S.93 (1) Rüdesheimer Tourist AG/Karlhein Walter, S.93 (2) Rüdesheimer Tourist AG/Marlis Steinmetz, S.93 (3) JWG Johannisberger Weinvertrieb KG, S.93 (4) Filmagentur Rheingau/Woody T. Herner, S.94 (1/3/4) Rheinhessen-Touristik GmbH/Dominik Ketz, S.94 (2) Dr. Helge Weichmann, S.94 (4) Annika Schulz, S.95 (1) Saale-Unstrut-Tourismus e.V., S.95 (2) Sven Runkel, S.95 (3) Rotkäppchen Sektkellerei – Freyburg an der Unstrut, S.95 (4) Hellfritzsch, S.96 (1) Marcus Gloger, S.96 (2) Manfred Lohse, S.96 (3) TMGS Tourismus Marketing Gesellschaft Sachsen mbH/Dennis Stratmann, S.96 (4) André Wirsig, S.97 (1) experimenta gGmbH, S.97 (2) Touristikgemeinschaft HeilbronnerLand e.V., S.97 (3) Staatliche Schlösser und Gärten Baden-Württemberg/Arnim Weischer, S.97 (4) Neckar-Personen-Schiffahrt Berta Epple GmbH + Co. KG

Kartenmontage S.4: Stephan Kuhlmann
Karte: DWI

Redaktionsschluss
18. August 2021